AF503354

EXTRAITS

DE L'HERMINE

DE NANTES.

Octobre et Novembre 1849.

(Les articles suivants ont été publiés dans l'*Hermine* à l'occasion de l'élection qui eut lieu à Bordeaux, le 14 octobre 1849, en remplacement de M. Ravez, décédé. Cette élection ayant donné lieu à la scission du parti de la droite et des anciens *conservateurs*, à Bordeaux, il parut opportun d'étudier à fond la question générale, si souvent débattue et toujours sans solution, des causes réelles, intimes, profondes, qui séparent encore les partisans du régime déchu des hommes de la droite. Ces articles ayant paru avoir atteint ce but plus heureusement et plus complétement qu'on ne l'avait fait jusqu'à ce jour, l'administration de l'*Hermine* les a fait imprimer séparément pour être envoyés aux journaux de Paris et des provinces, et aux hommes politiques considérables de l'opinion de la droite.)

PREMIER ARTICLE. — 12 *Octobre* 1849.

Il se passe à Bordeaux un fait grave qui est, à lui seul, un événement, et un grand événement. Nous voulons parler de la scission qui s'est déclarée entre les hommes de la droite et les anciens orléanistes, à l'occasion de l'élection qui aura lieu dans cette ville le 14 de ce mois, par suite du décès de M. Ravez.

Les Légitimistes portent M. Auguste Ravez, jurisconsulte distingué, ancien magistrat, fils de l'illustre défunt. Les Orléanistes ont fixé leur choix sur M. Gautier, nommé récemment maire de Bordeaux (1).

Nous n'avons pas à entrer dans le récit des circonstances locales qui ont marqué à Bordeaux l'origine, la discussion et la proclamation des deux candidatures ; quel Comité Électoral a eu tort, lequel raison ; par qui le premier, et comment, ont été entamées les hostilités ?... Vraiment, nous ne nous mettons pas en peine de le chercher même, si peu d'importance nous attachons ici à la question de forme et de circonstance. C'est le fond même de la querelle qui importe, quels qu'en soient d'ailleurs l'auteur, l'objet et l'issue : parce que, née à Bordeaux à l'occasion de la succession de M. Ravez, patente là-bas depuis quinze jours, cette rupture, depuis longtemps latente partout, devait éclater tôt ou tard. L'élection bordelaise, c'est le verre d'eau répandu sur la robe de la duchesse de Malborough, et qui mit l'Europe en armes.

Et qu'on ne dise pas de ceci : petite cause, grands effets ; la cause est plus grande même que les effets; elle est immense, c'est la révolution même qui est l'objet du litige. A quoi sert donc de le dissimuler davantage? chacun n'en a-t-il pas la conscience? presque tous aujourd'hui n'en font-ils pas l'aveu ?

Nous disons *presque tous*, car depuis 1848 il y a des gens qui, très-sincèrement, s'étaient fait l'inconcevable illusion, — honorable et toute patriotique d'ailleurs, — de croire à une conciliation définitive des partis *amis de l'ordre* sur ce qu'on appelait *le terrain social*. Cette douce et inoffensive folie avait trois mots dans sa devise, elle aussi : *Religion, propriété, famille*. C'est sur ce rêve accepté par la France effrayée, qu'on

(1) On sait ce qu'il est advenu : ni M. Ravez, ni M. Gautier n'ont été élus ; M. Lagarde, candidat de la Montagne, a été nommé. Ce résultat devait se prévoir.

a vécu 18 mois, si dormir c'est vivre; mais l'illusion finit, hélas! on reprend ses sens, on se reconnaît; chaque songeur revêt ses vêtements de la veille déposés pendant la halte et reprend sa route un moment interrompue.

Aux tard-réveillés montrons, nous qui n'avons jamais dormi, la vanité de leurs mirages.

Vous disiez, quelques-uns le répètent encore, que « vous aviez fait l'union sur les questions sociales, » sans réticences, « sans pensées dynastiques, » pour défendre l'*ordre,* « en dehors de tout esprit de parti. » Fort bien; mais cette œuvre était, ne vous déplaise, faite et parfaite longtemps avant que vous en prissiez souci. Pas n'était besoin, croyez-le, de la république démocratique et sociale, pour que MM. Molé, Thiers, Guizot s'entendissent très-bien avec M. Berryer sur la *religion*, sur la *famille* et sur la *propriété*. Aucun des trois premiers n'avait, que nous sachions, attaqué une seule de ces conditions vitales de toute sociabilité? M. Guizot avait-il jamais prêché les doctrines de Saint-Simon, M. Thiers celles de Fourrier, M. Molé celles de Babœuf? Lequel de ces trois hommes d'État avait donc demandé la promiscuité des femmes et la communauté phalanstérienne des enfants? A notre connaissance, l'opulent propriétaire de Champlâtreux, pas plus que le sensuel et élégant habitant de l'oasis Saint-Georges, n'avait sollicité la loi agraire? Que nous parlez-vous donc « d'union faite, de conciliation opérée, de rapprochement accompli sur le terrain social? » Vous vous targuez, permettez-nous de vous le dire, d'un succès que vous n'avez pas obtenu, par la raison toute simple qu'il n'était pas à obtenir; c'était fait; cela n'avait même jamais été à faire. Pour l'honneur de MM. Molé, Guizot, Thiers, Barrot, et de leurs amis, nous protestons contre cette présomption un peu bien outrecuidante de quelques convertisseurs de la droite, laquelle tendrait à nous vanter comme leur œuvre récente de prétendues pénitences qu'on n'a point faites, car on n'avait pas péché sur ces points-là. Et la preuve encore, s'il en était besoin, que l'ancienne opinion orléaniste s'entendait très-bien avec nous sur les *doctrines sociales,* c'est que, depuis février, ce parti n'a pas eu à reprendre une seule de ses paroles, à répudier un seul de ses actes touchant ces vérités primordiales. Cette union tant vantée, et qui en est digne assurément, a donc un mérite de plus que vous ne lui en attribuez, messieurs les convertisseurs : celui d'avoir toujours existé ; d'où nous tirons cette conséquence rassurante, que, née bien avant les circonstances violentes au milieu desquelles on l'a vue se produire avec plus d'éclat, elle leur survivra.

Que s'était-il donc passé en 1848 ? Le voici :

La république ayant fait en février invasion par la fissure de 1830, et la lutte s'étant transportée tout à coup du terrain politique proprement dit sur le terrain social, on a vu s'établir sur celui-ci, pour le défendre, des hommes très-divers d'opinions d'ailleurs sur les conditions gouvernementales les plus essentielles. Mais la résistance s'est portée là où était l'agression nouvelle, et elle en a pris la stratégie. On s'est battu à la cale, puisqu'aussi bien c'était là où l'on était subitement attaqué : le vaisseau de la société ayant à bord des hommes de toutes les provenances politiques, en ce commun péril et pour ne pas sombrer chacun a pris part à la manœuvre. Mais ce serait méconnaître tous les instincts et toutes les passions du cœur humain, que de supposer cette unanimité d'efforts obtenue de propos délibéré, par des concessions réciproques entre les passagers « d'origines différentes, » pour en finir entre eux, s'il était possible, et compromettre à toujours sur d'anciennes rivalités *politiques.* Non, on s'est battu ensemble, parce qu'on était attaqué ensemble, et si l'on s'est « uni, » c'est comme on se lie, de gré ou de force, à une chaîne de secours en cas d'incendie, mais voilà tout. Le reste a été *réservé* (1).

---

(1) «... *Il y a quatre ou cinq grands partis,..* qui se divisent sur la grande question

Dans sa belle brochure *de la Démocratie*, M. Laurentie déduit tout cela à merveille :

« Nous nous sommes mis à défendre naguères trois choses » essentielles : la *religion!* la *famille!* la *propriété!* Était-ce » une conviction qui sortait éclatante du fond de toutes les âmes? » Hélas ! la peur, l'ignoble peur, avait sa part d'inspiration en » cette défense... Nous vivons dans la haine, dans l'anarchie » et dans la peur. La peur ! tel est le sentiment universel de » la société renouvelée, de la société sans Autorité ; la peur ! » ce mot, inconnu dans le langage des peuples libres, est » toute l'inspiration de la politique.. »

Qu'y a-t-il donc de surprenant à ce que le péril social passé, — croit-on, — renaissent les vieilles haines, d'anciennes et presque incurables rivalités, les dissensions non de personnes, ce ne serait rien; non d'intérêts matériels, ce serait peu de chose encore ; mais d'idées, mais de *classes*, de *castes;* scissions implacables, hélas! ou à peu près...

Politiques habiles, si vous n'aviez pas prévu ces choses, votre prétendue intelligence fait pitié ! Si vous avez espéré les conjurer à l'aide de quelques formules banales et d'entraînements de langage, que de présomption ! et si vous ne les voyez point encore, par hasard, oh! quelle folie! Accomplissons donc la tâche pénible, mais nécessaire, de dissiper les dernières illusions, s'il en existe toujours. Il est douloureux sans doute de dire à une personne dangereusement malade, et qui s'abuse, la vérité sur sa situation, sur les causes et sur les suites de son mal; mais c'est un devoir. La société française est profondément menacée, elle aussi, dans sa vitalité. Nous

---

de savoir quelle est la meilleure forme de gouvernement, quel est le meilleur principe de gouvernement pour servir les intérêts de son pays. *Ces partis existent encore...*» (Discours de M. Berryer sur la *proposition* de M. Créton, tendant à l'abrogation de la loi du 10 avril 1832 et du décret du 26 mai 1848, séance du 24 octobre 1849. — *Moniteur.*)

accomplirons vis-à-vis d'elle le devoir dont nous parlions tout à l'heure, en recherchant quel est, au fond, le mal dont l'élection de Bordeaux est le diagnostic.

DEUXIÈME ARTICLE. — 13 *Octobre* 1849.

Dans notre article d'hier sur l'élection de Bordeaux, nous avons pris vis-à-vis de nos lecteurs l'engagement de discuter es causes de division qui existent dans les deux fractions les plus importantes de ce qu'on est convenu d'appeler le *parti modéré*, et le menacent, si ce n'est déjà un fait accompli, d'une dissolution inévitable.

Nous n'en disconviendrons pas, et nous l'avons déjà dit : cette autopsie morale est triste... Que disons-nous *autopsie?* C'est bien dans les chairs vives, et dans les plus vives, les plus sensibles, les plus irritables même, que nous aurons à porter le scalpel de l'analyse. S'étonnera-t-on que notre main hésite au moment de cette opération délicate autant que nécessaire et opportune ?

Procédons du moins avec tout le tempérament possible, et tâchons d'arriver au cœur de la plaie à l'aide de ces procédés ingénieux qui semblent tromper jusqu'à un certain point le mal lui-même. Examinons donc tout d'abord les questions sur lesquelles nous ne sommes réellement pas séparés des *Orléanistes.* (Nous nous servons de cette dénomination pour le moment, sans la croire toutefois la meilleure, la vraie, et en attendant que nous arrivions à qualifier plus justement, à notre avis, le parti auquel nous l'appliquons.)

En première ligne se présente notre PRINCIPE même, le droit monarchique, LA LÉGITIMITÉ pour l'appeler par son nom.

Est-ce, comme on le croit généralement, ce Principe qui nous sépare des Orléanistes? Nous n'hésiterons pas à répondre : NON ..

Cette dénégation, — nous nous y attendons, — pourra et doit paraître étrange de prime-abord ; elle surprendra probablement l'ancien parti conservateur tout le premier, bon nombre de nos amis aussi, le plus grand nombre même... On se trompera des deux côtés. Non, quoi qu'on en dise, non, ce n'est pas le principe de la Légitimité qui est l'obstacle entre nous et les Orléanistes. Vous l'allez voir :

Si le ciel appelait à lui monsieur le comte de Chambord — aujourd'hui sans enfants — et que le droit héréditaire allât se poser sur la tête de M. le comte de Paris, ce jeune prince serait-il répudié alors par ses amis d'à présent, comme ils repoussent Henri V ?

Non certes !

Et cependant, s'ils voulaient être conséquents avec eux-mêmes, avec le principe qu'ils paraissent défendre depuis 1830, les *conservateurs* devraient, le cas échéant, transporter immédiatement leur préférence du Comte de Paris, devenu *Roi légitime*, à un autre membre de sa Maison, ou de toute autre famille princière...

Ils ne le feraient pas cependant.

Il y a plus : on verrait alors les Orléanistes (c'est plus que probable) sommer les royalistes d'aujourd'hui d'être fidèles à leur *Principe*, ce qui ne serait vraisemblablement pas difficile à obtenir; vanter ce *Principe*, en invoquer avec toute raison les garanties puissantes dans l'intérêt de la stabilité nationale et européenne, et se servir à leur tour, pour le défendre contre les sceptiques, de l'autorité des grands publicistes de l'école monarchique.

Autant qu'il est permis de conjecturer en pareille matière, on peut affirmer aussi que le nouveau dépositaire du Droit Héréditaire ne le répudierait pas, pour s'en tenir à ce qu'un jour on a — si imprudemment ! — nommé autour de lui *la Légitimité révolutionnaire ;* ce jeune Prince ne voudrait pas, abdiquant ainsi un principe qui ne peut tomber en déshérence tant qu'il y a lignée, perpétuer à son détriment une dualité qu'il pourrait éteindre en lui et à son profit.

Il n'est pas non plus déraisonnable de supposer que des rapports nouveaux seraient provoqués et établis entre la nouvelle famille royale et les cabinets de l'Europe, sur le terrain désormais commun du même droit monarchique, et que le nouveau chef de la Maison Royale de France revendiquerait dans la société européenne sa place héréditaire, incontestable et incontestée, à la tête de toutes les Maisons régnantes.

Et si par hasard un Prince de la famille d'Orléans, venant à protester contre l'investiture successorale de la légitimité, essayait alors de lever contre le jeune Roi le drapeau d'une seconde monarchie élective, la majorité, la presque unanimité du parti conservateur, qui aujourd'hui repousse Henri V, ne couvrirait-elle pas cette tentative usurpatrice d'une immense clameur d'indignation? et elle ferait bien.

Cette évolution subite, elle aurait cependant lieu demain, aujourd'hui, si le chef auguste de la Maison de Bourbon décédait tout à coup sans successeur direct.

Avançons :

A Dieu ne plaise que nous accusions aucun Orléaniste d'appeler de ses vœux la fin violente, prématurée seulement, de l'héritier actuel d'Henri IV; mais enfin, si la mort frappait le fils de nos Rois, n'est-il pas permis de supposer qu'une portion notable de l'opinion conservatrice se soumettrait à ce destin sans regret, et accueillerait au contraire avec joie le titre qui viendrait se fixer inopinément sur la tête de M. le comte de Paris? Les objections que ce parti nous à faites en 1830 et depuis, contre le Principe de la Légitimité, ne tomberaient-elles pas tout à coup et tout a fait? car on pense bien que ce n'est pas nous qui les voudrions relever. Très-vraisemblablement, l'honorable M. Guizot ne répèterait pas alors son mot fameux de 1844 : *Votre légitimité finit, la nôtre commence?*

Ne le voudrait-il pas oublier au contraire (si déjà même il ne le regrette) ?

Serait-ce que le parti orléaniste ne s'oppose en ce moment au principe de la légitimité qu'à raison de la répulsion que lui inspirerait la personne même de son représentant actuel? Mon Dieu, non : les conservateurs ne haïssent pas et n'ont aucune raison de haïr M. le comte de Chambord; quel sentiment autre que celui d'une déférence indifférente et respectueuse pourrait provoquer chez les adversaires de son principe un prince proscrit à dix ans (comme l'a été à son tour M. le comte de Paris), qui n'a pas de passé politique, dont tous savent l'intelligence élevée, les connaissances profondes, et de qui l'admirable réserve depuis dix-huit ans n'a pas laissé à ses ennemis un mot, un seul mot, à relever et à reprendre dans sa conduite? Nous sommes heureux d'ajouter que la grande majorité des Orléanistes, et nous parlons des plus élevés, pensent et disent de M. le comte de Chambord ce que nous venons d'en dire. La personne du représentant actuel de la légitimité n'est donc pour rien, nous le répétons, dans l'opposition faite à sa restauration par une fraction considérable de l'opinion orléaniste.

Avançons encore : Faudrait-il attribuer cette résistance à un sentiment de dévouement et de fidélité envers la famille d'Orléans? Ce serait, hâtons-nous de le proclamer, un noble mouvement, qui, dans ce temps d'égoïsme, nous trouverait très-disposés à l'excuser peut-être. Mais, hélas! cette illusion généreuse, personne ne saurait l'avoir. On assure d'ailleurs que les exilés de Clarmont, le chef de la famille tout le premier, désirent l'événement dont nous parlons; que les princes ses fils, un surtout, ne s'en montrent pas éloignés; que Mme la duchesse d'Orléans elle-même y était cet été assez disposée, et que, si le rapprochement des deux familles, qui en doit être le gage, n'a pas pu s'opérer encore, cet obstacle imprévu a été suscité surtout — puisse-t-on se tromper! — par les démarches habiles et actives de M. Thiers.

Ce n'est donc pas non plus pour garder sa foi envers la famille qui a occupé le trône de 1830 à 1848, que le parti orléaniste repousse la légitimité.

Ainsi, ni le Principe même de la Légitimité, ni la personne du prince qui en est dépositaire, ni le scrupule d'une fidélité chevaleresque envers la famille frappée en 1848, ne sont les causes réelles de la résistance opposée par une fraction considérable du parti orléaniste au retour de la monarchie héréditaire.

Qu'est-ce donc?...

TROISIÈME ARTICLE. — 18 *Octobre* 1849.

Poursuivons l'étude dont l'élection de Bordeaux a été pour nous l'occasion...

Nous cherchons à nous rendre compte des motifs réels — les prétextes étant écartés — de l'opposition faite en ce moment encore par une portion notable de l'ancien parti orléaniste au retour du droit héréditaire; et nous croyons avoir établi dans notre dernier article que cette hostilité, qui n'est pas basée sur un sentiment de dévouement personnel à la famille d'Orléans, n'a, d'un autre côté, pour mobile aucune répulsion contre la personne du représentant actuel de la Légitimité, ni contre son Principe même.

Qu'y a-t-il donc entre nous et les anciens défenseurs de l'établissement de 1830 ? Cherchons encore (1)...

On avait beaucoup parlé — avant la révolution de juillet — de l'abaissement de la France devant l'Europe; il était de mode,

(1) Les intervalles de plusieurs jours mis entre la publication de ces différents articles, obligeaient souvent l'auteur à résumer, en commençant le dernier, ceux qui avaient précédé. Ces longueurs, plus apparentes encore à la lecture de ce recueil, lui étaient en quelque sorte imposées par la suite de ses déductions.

à cette époque où fleurissait le vieux libéralisme, de tonner contre l'humiliation de la France vis-à-vis *des puissances étrangères:* ces fadeurs, dont s'est nourrie la jeunesse de la génération virile d'aujourd'hui, n'empêchaient pas que le drapeau blanc ne guidât, malgré l'Angleterre, 100,000 hommes en Espagne en 1823, qu'on ne gagnât la bataille de Navarin en 1827, que la France ne s'établît en Morée en 1828 et à Alger en 1830. M. de Châteaubriand nous racontait naguère, dans son langage animé et magnifique, que lorsque Louis XVIII daignait inviter à sa table les souverains entrés à Paris à la suite de nos revers, et dont les soldats campaient dans la cour même des Tuileries, l'hôte royal prenait sans plus de façon le pas sur ses conviés; car le Roi légitime de France est le suzerain héréditaire des royautés européennes... Quand régnait Saint Louis, aïeul de Henri V, au XIIIe siècle, où étaient donc les ancêtres des empereurs, rois et roitelets d'aujourd'hui? Combien de gens à l'heure qu'il est, en France, savent le nom patronimique des familles actuellement régnantes de Bavière, de Wurtemberg, de Prusse, de Russie, d'Angleterre même? personne, ou à peu près. Au contraire, passez le Rhin ou la Manche, et vous ne trouverez pas un paysan du Devonshire ou du Palatinat, qui ne connaisse le nom de BOURBON, *le plus grand qu'il y ait sous le soleil,* disait Bossuet. Les partisans de la dynastie de juillet repoussent-ils donc Henri V, parce qu'ils le croient disposé à sacrifier à l'étranger la dignité et l'honneur de la France? pas le moins du monde: ceux dont la loyauté délie la langue, avouent tout haut que le principe de la légitimité nous donnerait, en ce moment surtout, un très-grand ascendant dans les conseils européens, et nous rendrait la liberté de nos alliances que nous avons perdue depuis 1830. Il n'y a pas un homme d'Etat du parti orléaniste, sans excepter M. Thiers, qui ne reconnaisse aujourd'hui que, lors du partage de l'empire ottoman, — la grande affaire de l'avenir! — notre part-revenant en Europe serait d'autant plus belle, que nous aurions un gouvernement plus incontesté à l'intérieur comme à l'étranger, *et vice versâ.* N'insistons plus sur une vérité que tout homme sérieux et sachant les affaires, parmi les Orléanistes tout les premiers, ne s'arrêterait même pas à constater, tant elle est évidente aujourd'hui.

Les partisans de la révolution de 1830 s'opposeraient-ils à la restauration du principe monarchique par sollicitude pour nos finances, qu'ils craindraient de voir plus mal gérées par la légitimité que par la quasi-légitimité ? Ici encore nous répondrons pour tous, sans exception aucune: Non! il n'y a pas dans le parti orléaniste un seul homme de bon sens, — un seul! — qui ne convienne hautement que la Restauration a laissé notre situation financière dans un état moins engagé proportionnellement que ne l'a léguée à la république le gouvernement détruit en 1848. Quand Charles X fut remplacé par Louis-Philippe, nos budgets étaient de 950 millions, et notre dette flottante de 250 à peine. L'établissement de juillet a fini, après avoir accru de beaucoup notre dette consolidée et vendu immensément de bois de l'État, avec un budget de 1,600 millions et une dette flottante de 680. Tout ceci est encore banal à force d'être vrai, et désormais incontestable. Qui ne juge, d'ailleurs, que la réduction de notre état militaire, cette première grande réforme de nos finances, n'est possible qu'à un gouvernement dont l'ascendant moral et la confraternité d'origine imposeront la réciprocité du désarmement à toutes les puissances continentales? Or, ces avantages — de l'aveu de tous les Orléanistes mêmes — n'appartiennent qu'à la légitimité (à moins, il est vrai, que la république universelle ne soit proclamée de Lisbonne à Constantinople et de Palerme à Pétersbourg, auquel cas nous ne croyons pas encore que la paix universelle fût assurée pour bien longtemps).

Faudra-t-il aller chercher la cause de l'opposition faite par une partie considérable des Orléanistes au retour de Henri V, dans la crainte du socialisme, contre lequel ils se croiraient plus puissamment prémunis sous l'empire de la monarchie élective, c'est-à-dire de la souveraineté du peuple, que par le principe opposé?... Nous ne nous arrêterons pas à démontrer l'absurdité de cette proposition; elle ne trouverait pas un homme de bon sens qui consentît à la discuter seulement. Non, personne ne craint que Henri V sur le trône inclinât du côté de M. Cabet ou de M. Proudhon.

Ainsi : qu'y a-t-il entre la monarchie héréditaire et les anciens orléanistes : Le principe de la Légitimité en lui-même? — Non.

La personnalité du représentant actuel de ce principe? — Non.

Une question de dignité et de sécurité extérieures? — Non.

La raison d'économie financière? — Non.

L'appréhension des influences socialistes? — Non, mille fois non.

Et cependant il y a quelque chose, et ce quelque chose est immense. Encore une fois, qu'est-ce donc?... *Videbimus infrà.*

QUATRIÈME ARTICLE. — 19 *Octobre* 1849.

Nos trois premiers articles ont déblayé une grande partie du terrain. Très-certainement on pourrait nous répondre encore — ne le peut-on pas toujours? — avec de la passion, avec des injures au besoin; mais nous sommes assurés que la raison et l'équité ne trouveraient pas une dénégation de quelque poids à opposer jusqu'ici à notre argumentation, résumée à la fin de notre article d'hier.

C'est bien quelque chose, on en conviendra, que d'être arrivé de déductions en déductions, étape par étape, à constater que, sur aucune des grandes et capitales questions par nous parcourues, il n'y avait de la part des Orléanistes opposition contre la Monarchie héréditaire.. Ainsi nous avançons,

— lentement il se peut — mais en éclairant notre route. Nous touchons de très-près, maintenant, aux points sensibles de cette psychologie politique...

Et, sans plus tarder, abordons une des questions les plus vives de notre dissertation : LE CLERGÉ !

On s'en souvient, la Restauration fut renversée le 28 juillet 1830, aux cris de : *à bas les Jésuites!* (et notez bien que le roi détrôné à cette époque est le même qui, deux ans plus tôt, le 16 juin 1828, avait, par deux ordonnances célèbres, fermé les sept établissements d'éducation publique dirigés par les Jésuites.) Tant il y a que ce fut, en grande partie du moins, sur cette question que tomba la Monarchie. Le *mémoire à consulter* de M. de Montlosier, sa fameuse pétition prise en considération à la Chambre des Pairs sur le rapport de M. Portalis, et à la Chambre des Députés sur le rapport de M. de Sade, avaient été une des machines de guerre les plus habiles et les plus puissantes de cette époque. On était parvenu à soulever l'opinion contre 150 ou 160 religieux qui, disait-on, gouvernaient la France du fond de leurs salles d'étude de Saint-Acheul, de Bordeaux, de Billom et d'Auray. M. de Montlosier écrivait — et on le croyait — que Charles X *était prêtre, qu'il avait été sacré évêque de Jérusalem in partibus, qu'il disait la messe tous les matins dans ses petits appartements, et qu'il communiait de sa main ses plus chers favoris.* On croit rêver et on risque de n'être pas cru aujourd'hui en revenant sur ces extravagances ; mais nous citons TEXTUELLEMENT. Le livre de M. de Montlosier eut donc un succès immense ; toute la presse *libérale* (comme on disait alors) le porta aux nues ; l'opposition de la Chambre des Pairs, dirigée par MM. Pasquier, de Broglie, Molé, de Barante, Portalis, de Talleyrand, etc., cautionna par son vote la vérité des dires du libelliste auvergnat ; et le public y crut d'autant plus facilement, qu'ils étaient plus absurdes. C'est bien de l'opinion, en certains cas, dont on pourrait dire avec saint Thomas : *Credit quia absurdum.*

Les meneurs de ce mouvement croyaient ils, eux, à leurs prétendues révélations? Allons donc! ils riaient derrière la vitre des fureurs qu'ils soufflaient au dehors; plus tard, ils en rirent même tout haut, quand *le tour de main* eut réussi. On se rappelle certainement que, dans un jour de franchise, *la Tribune* avoua qu'*on avait joué la comédie pendant quinze ans*, et que les *Jésuites* n'avaient été *qu'un mot de passe.*

Et c'était vrai. Quel homme de bon sens et prenant quelque soin de sa dignité personnelle, voudrait aujourd'hui signer le pamphlet de M. de Montlosier?

Et la preuve que l'*influence du Clergé,* comme on le répète encore quelquefois, n'était pas un des cas rédhibitoires de la restauration, c'est que, pendant tout l'établissement de 1830, ce même clergé, tant attaqué naguères par les hommes qui venaient de triompher, fut de leur part l'objet des plus constantes et des plus prodigues prévenances. Il a été constaté que les allocations faites aux édifices et aux établissements religieux, de 1830 à 1848, excèdent, et de beaucoup, la somme de ces allocations pendant la restauration. Dans cette période, le traitement des desservants reçut également de notables accroissements; tous les ans de nouvelles succursales étaient fondées; les siéges épiscopaux établis par le concordat de 1817 — dit *le petit concordat* — et menacés par un vote de la chambre de 1831 (sur la proposition de M. Eschasseriaux), furent conservés. En toute occasion, la dynastie de juillet s'ingéniait à se rendre le clergé propice; on sait que la princesse la plus éminente de la famille d'Orléans s'était en quelque sorte réservé la direction générale des cultes, et que trois ou quatre prélats ou prêtres très-connus, admis dans l'intimité des Tuileries, y exerçaient une influence de plus en plus marquée. C'est grâce à ces attractions politiques qu'était né le parti dit *catholique,* lequel représentait alors la pensée de ralliement dynastique, et que nous voyons survivre, grâce à la persévérante flexibilité de son égoïsme, à l'établissement politique autour duquel son noyau s'était formé d'abord.

A la vérité, le contrat que la dynastie de juillet s'efforçait d'établir entre elle et le clergé, ne devait être dans la pensée de celle-là gratuit d'aucun des deux côtés : *do ut des ;* on donnait, mais à condition de recevoir; et, en échange des dotations, du crédit, des patronages puissants, de l'appui officiel offerts au clergé, on se réservait bien d'obtenir de lui, au besoin d'en exiger, le désarmement progressif du parti royaliste, qu'une communauté (plus apparente que réelle) de revers en 1830 semblait attacher à sa fortune. La quasi-légitimité ne pouvait méconnaître d'ailleurs l'influence salutaire des croyances religieuses pour le maintien de l'ordre social, dont elle affectait de proclamer en toute occasion la solidarité avec son existence personnelle; elle était donc disposée, surtout dans ces dernières années, à mesurer graduellement au clergé une part de plus en plus large de franchises et d'attributions, mais à la condition expresse, nous le répétons, que l'influence ecclésiastique, bornée, semblait-il, à l'apostolat religieux, tournerait en définitive à son profit par l'amortissement progressif des opinions légitimistes. On grandissait ainsi le clergé, non pas tant pour la religion en elle-même, et pour lui, que pour soi. En un mot, on voulait faire de l'Église, comme dit Tacite, un moyen de gouvernement — *instrumentum regni.*

Sans plus de périphrases, voilà toute la vérité, rien que la vérité.

L'appréhension de voir le clergé exercer, sous le règne du droit monarchique, une action politique, ne saurait conséquemment, *en principe*, être opposée à Henri V par les anciens Orléanistes; car cette influence, ils l'ont ardemment désirée, demandée avec instance, et, jusqu'à un certain point, obtenue et utilisée dans leur intérêt pendant la période écoulée; et Dieu sait de quelles faveurs ils l'eussent payée, si elle avait voulu se livrer à eux tout entière, partout et sans réserves!

Théoriquement, le parti *conservateur* n'est donc pas, *à priori,* ennemi systématique de l'action du clergé s'exerçant dans l'intérêt gouvernemental.

Seulement, après l'avoir usée — abusée, selon nous — à leur service pendant dix-huit ans, les Orléanistes peuvent craindre, et ils redoutent en effet, que, la royauté étant rétablie, cette influence s'exerce désormais au profit des idées mêmes qu'ils lui avaient donné naguère mission d'étouffer. Mais alors que repoussent-ils donc? le principe de cette intervention? Eh! mon Dieu, non, son application seulement; le moyen? non, le but; l'usage? non, mais le bénéfice. Nous retombons ainsi dans notre question principale encore irrésolue; ces idées que les anciens conservateurs interposent entre la France et la légitimité, et dont ils appréhendent de voir le clergé devenir l'auxiliaire, que sont-elles donc?...

Avant de pousser plus loin cette exploration, épuisons en peu de mots la question même du clergé, en ce qu'elle s'applique à l'éventualité qui nous occupe.

Que la majorité du Clergé accueillît une restauration avec joie, c'est ce que nous ne pouvons et ne voudrions pas dissimuler (car, Dieu merci, si on a bien voulu nous lire jusqu'à présent, on nous rendra cette justice, que nous ne déguisons pas notre pensée). Oui, nous ne faisons aucune difficulté d'avouer que cet événement — dont le Clergé ne travaillera pas d'ailleurs à hâter le retour — le trouverait sympathiquement disposé à l'accepter, au besoin à lui venir en aide... Mais, cela posé, qu'est-ce à dire? Ces croyances religieuses, dont M. Guizot a célébré si magnifiquement l'utilité sociale, seraient-elles donc, aux yeux des conservateurs, moins nécessaires sous la monarchie héréditaire que sous la monarchie élective? Si on nous répondait affirmativement, ce serait, pour le moins, une étrange naïveté... Qui ne voit, d'un autre côté, que Henri V aurait beaucoup moins à demander au Clergé que Louis-Philippe, partant beaucoup moins à lui concéder en dehors et en sus des libertés communes? Les dévouements tout venus ne coûtent rien à acquérir ; et plus le pouvoir politique trouverait d'autorité morale dans son Principe même, moins il aurait à s'en créer une artificielle à l'aide d'une propagande corruptrice et d'auxiliaires exigeants. A cette indépendance réciproque de l'Église et de l'État, basée précisément sur de mutuelles sympathies, d'autant plus désintéressées qu'elles seraient plus confiantes, les deux pouvoirs gagneraient également. Dans l'intérêt commun du Trône et de l'Autel, pour employer les vieux mots, nous les voulons tous deux constitutionnellement affranchis l'un de l'autre plutôt qu'indivis, voisins plutôt qu'alliés.

Le parti tombé en février avait tenté plus et pis; bien loin donc, le cas survenant, d'invoquer le bénéfice de ses précédents, nous aurions hâte de les répudier. Mais, en attendant, n'avions-nous pas raison de dire que le Principe de l'intervention du Clergé dans la politique n'était pas, comme on le répète quelquefois, ce qui sépare les Orléanistes de Henri V?

CINQUIÈME ARTICLE. — 23 *Octobre* 1849.

Avançons encore, en écartant, comme Ulysse, les fantômes qui se voudraient mettre en travers de notre route.

Nous voici parvenus enfin face à face de l'ennemi la plus redoutable, a-t-on dit longtemps, la plus irréconciliable, répète-t-on encore, de la monarchie héréditaire : — LA LIBERTÉ!

Liberté! c'est en invoquant ton nom qu'on a renversé, il y a soixante ans bientôt, une royauté de dix siècles, labouré l'Europe, ébranlé le monde, entrepris cette révolution qui, selon l'expression de M. Thiers, *a profondément agité les hommes et les divise encore aujourd'hui* (1), et présenté à la

(1) Préface de *l'Histoire de la Révolution.*

terre le spectacle, unique dans ses annales, d'une société de 36 millions d'hommes bouleversant *onze fois* sa Constitution en douze lustres!

Ne se serait-on pas mépris par hasard? quand Voltaire écrivait que *la France est un peuple d'enfants qu'on fait s'égorger avec des mots*, ne résumait-il pas d'avance l'histoire de cet épouvantable malentendu, commencé par lui, et qu'à son lit de mort, M. de Talleyrand, l'avant-dernier voltairien (on sait quel est le dernier), déclarait *durer encore?* S'il en était ainsi, si, pareille à une armée saisie de vertige pendant les ténèbres et qui s'entretue, une génération tout entière s'est exterminée faute de se comprendre; si elle a été guidée dans cette mêlée par des généraux masqués et sous de faux étendards; si la Liberté, fille du Ciel, peut dire comme celui qui l'apporta sur la terre: « Je suis venue parmi les miens, et les miens ne m'ont pas reconnue; » en un mot, si elle était, si elle est encore avec la Monarchie, — attaquée cependant et proscrite en son nom! — ne serait-il pas temps que *la lumière fût* après soixante ans d'obscurité, de luttes, de confusion?..

Châteaubriand — le précurseur, avait-il entrevu de loin ce jour de vérité et de salut, quand il saluait en 1843 cet avenir mystérieux *qui se révélait à ses regards?* lui aussi avait crié depuis longtemps, au milieu de la lice: *Il n'y a que la Légitimité qui puisse regarder en face la Liberté.* Qui l'entendit alors?

Mais le temps a marché, des enseignements sont venus, et quels enseignements! à ce crible de l'expérience, que de choses, que d'hommes ont passé déjà de l'autre côté du van!... Travaillons à compléter ce tri de la raison et des préjugés, des passions et de l'équité, des réalités et des illusions.

En montrant qu'entre la Légitimité et la France il n'y a pas la question de liberté, — bien au contraire! — nous n'aurons pas seulement travaillé pour le droit héréditaire, nous nous serons encore raffermi dans notre amour inébranlable pour cette Liberté sainte, dont M. de Montalembert déplorait hier si éloquemment les dangers (1), mais qui survivra, Dieu merci, aux attaques de la démagogie et aux défaillances du vieux libéralisme...

Est-il donc vrai que le parti de 1830 — le seul auquel nous nous adressions dans ces études — repousse Henri V dans l'intérêt de la liberté? Examinons.

Et d'abord, quelques définitions sont nécessaires :

Au point de vue social et pratique, la liberté n'est pas une abstraction, une sorte de *mens universa* politique, impondérable, indéfini, intangible; à moins qu'on la veuille maintenir dans cette zone toute spiritualiste du Libre Arbitre donné par Dieu à l'âme humaine, — auquel cas, la thèse reste purement métaphysique, — on est bien obligé de n'en tenir compte, dans la vie des peuples, que lorsqu'elle prend corps, revêt des formes saisissables dites Institutions, stipule des Droits, se traduit en Faits.

Sur la somme égale de liberté naturelle attribuée par Dieu à tout homme *venant en ce monde*, celui-ci en met en commun, dans l'état social, une part aliquote, pour être garanti de jouir du reste.

Moyennant cette sorte de prime reçue de chaque associé, les gouvernements (qui ne sont, après tout, que les assureurs de la sécurité commune) sont chargés de veiller au respect réciproque et au maintien des droits généraux et particuliers.

Le meilleur gouvernement est donc celui qui demandera à la liberté individuelle le sacrifice le moins considérable, pour assurer le reste. Ajoutons bien vite que ce gouvernement sera aussi, très-probablement du moins, le plus solide; car si

---

(1) Discours de M. de Montalembert dans la discussion des crédits supplémentaires pour l'expédition romaine. — Séance de l'Assemblée Législative du 19 octobre 1849.

l'homme, instinctivement jaloux de sa liberté native, tend sans cesse à en reprendre le plus qu'il peut à la masse commune, le gérant social qui a le moins reçu devra aussi être le moins attaqué.

Abrégeons... Les établissements collectifs dans lesquels les libertés individuelles sont déposées, et pour ainsi dire mises en œuvre, sont de deux sortes :

Les uns, qu'on appelle *Sociaux*, parce qu'ils existent ou peuvent exister dans toutes les agrégations humaines, quelle que soit d'ailleurs la forme particulière de leur gouvernement, et ne régissent que les rapports des hommes entre eux ; ainsi les droits de Propriété, de Famille, d'Hérédité, de Cultes, etc.

Les autres, qu'on nomme *Politiques,* parce qu'ils règlent plus spécialement les relations des citoyens avec le gérant de la cité, — le gouvernement, — sont : le droit de concourir au vote de l'impôt, à la confection des lois, à la défense commune ; celui de discuter l'usage et l'application de ces facultés, soit oralement, soit par écrit, etc., etc.

L'ensemble de ces dernières conventions forme ce qu'on nomme les *Institutions politiques*, la *Liberté politique.*

Appliquons, sans plus d'intermédiaires, ces déductions générales, et qu'aucun homme de bon-sens ne pourra récuser, à la question particulière qui nous occupe :

Nous avons déjà dit dans un de nos précédents articles qu'il ne saurait venir à l'esprit de personne que les droits *sociaux,* — la famille, la propriété, l'hérédité, etc., — fussent mis en péril par le principe héréditaire ; bien au contraire, la filiation politique est indissolublement liée à la tradition sociale, dont elle ne peut même pas être séparée : ceci est l'évidence même.

Seraient-ce les libertés *politiques* que menacerait le retour de la légitimité ? et les hommes de 1830 ne repousseraient-ils Henri V que dans l'intérêt de ces libertés mêmes, et pour les sauvegarder ? Voyons... En première ligne se présente la Liberté Électorale, qui, à bien dire, résume à elle seule toutes les autres ? Eh bien, depuis 19 ans, lesquels ont combattu le plus vaillamment pour le suffrage universel, de nous ou des Orléanistes ? N'est-ce pas nous qui le demandions, eux qui le refusaient ? Ne l'avons-nous pas proclamé bien avant et contre les républicains eux-mêmes ? Qui donc a fait au monopole électoral et aux 200,000 censitaires une guerre plus énergique et plus franche que les hommes et les journaux de la droite ?

La dernière législature de Louis-Philippe n'est elle pas tombée huit jours après avoir repoussé impitoyablement l'amendement des *conservateurs-progressistes,* qui exprimait le vœu — bien timide cependant — d'une extension quelconque de la capacité électorale ? Depuis 1848, aujourd'hui même, ne voyons-nous pas les journaux présumés (à tort où à raison) regretter le régime déchu, *les Débats, le Constitutionnel, le Siècle,* l'*Ordre,* etc., ne laisser échapper aucune occasion d'exprimer au moins leurs réserves, pour ne pas dire plus, contre le suffrage universel, lequel est défendu, au contraire, en principe, par tous les journaux de la droite ? Non, entre Henri V et les anciens conservateurs, il n'y a pas une question de Liberté Électorale.

Serait-ce la Liberté Administrative, en d'autres termes la Décentralisation ? Mais cette conquête de nos anciennes franchises, à qui la devra-t-on, si ce n'est aux efforts infatigables de nos amis pendant dix-huit ans, à l'enseignement incessant de la presse de droite, aux travaux de nos publicistes, à l'initiative de nos représentants ? S'il y a une question au monde qui soit nôtre, assurément c'est bien celle là. Le plus beau et le plus complet travail qui ait été formulé jusqu'à ce jour sur la décentralisation, n'émane-t-il pas d'un député de la droite, M. Raudot ? Mais n'insistons pas. Pourquoi vouloir démontrer l'évidence ? Non, non, si les Orléanistes repoussent

Henri V, ce n'est pas dans l'intérêt de la Liberté Administrative.

Craindraient-ils pour la Liberté d'Enseignement? oh! passons, notre défense, trop facile et trop puissante, ne serait même plus généreuse.

Redouteraient-ils de voir Henri V détruire la Liberté individuelle et la Liberté Judiciaire? allons donc! pour éprouver ce double scrupule, et avoir le droit de l'exprimer, il ne faudrait pas avoir décrété contre nous en 1832 l'état de siége *par ordonnance*, et proposé plus tard la loi de Disjonction.

La Liberté de la Presse? Mais qui donc a voté les lois de septembre et qui les a combattues? Tout dernièrement encore, lors de la discussion de la loi de la presse du 27 juillet 1849, lesquels se sont montrés plus libéraux, dans la bonne acception du mot, des anciens Orléanistes ou de nos amis?

Ainsi de nos autres Libertés.

Non, cent fois non, entre Henri V et le parti de 1830 il n'y a pas une question de Liberté.

Qu'on dresse le cahier des charges de la liberté et qu'on allume les feux, nous répondons que la Légitimité mettra la dernière surenchère et prendra le pouvoir au rabais.

C'est que, voyez-vous, il est temps de le dire: Révolution et Liberté sont les deux termes extrêmes de la vérité politique.

Il n'y a pas une seule de nos franchises — une seule! — qui, laissée libre, ne ramène tôt ou tard, sans violence, sans efforts, sans surprises, le complément de toutes les autres, la Liberté Royale — la légitimité.

Et qu'est-ce donc que la légitimité politique, s'il vous plaît, si ce n'est un moyen de liberté générale et le meilleur, nous allions dire le seul! Vraiment, croiriez-vous qu'on l'aimât si on la croyait autre chose, et si elle n'était pas l'expression la plus haute, la satisfaction la plus complète de ce besoin de liberté, d'expansion, que l'âme de l'homme aspire comme l'air ses poumons.

Conservateurs, oserez-vous dire encore qu'entre la Monarchie et vous il y a une question de Liberté!

SIXIÈME ARTICLE. — 26 *Octobre* 1849.

Notre logique, si elle est inflexible, ne sera pas inexorable. A la rigueur, nous comprenons que, pendant ses dix-huit années de pouvoir, le parti de 1830, attaqué, — comme le sont en général tous les gouvernements, au nom de la liberté, — n'ait pas reconnu que, par une loi toute physique même, indépendamment de ses causes morales, la Compression le tuerait, et qu'au contraire la Dilatation le ferait vivre Eh! mon Dieu, nous aurions mauvaise grâce peut-être à lui reprocher trop durement son erreur; nous aussi, durant quinze ans, nous avons occupé le pouvoir; et n'y avons-nous pas été frappés quelque peu de cette cécité passagère et fatale? *Quis* NOSTRUM *est sine peccato?...* Mais s'il était vrai qu'entre les Orléanistes et la Légitimité, il y eût réellement une question de liberté, on verrait — depuis 1848 — cette opinion, désintéressée maintenant des sollicitudes gouvernementales, s'unir aux hommes de la Droite, les devancer même dans la défense et à la poursuite de nos libertés sociales et politiques, également menacées par le socialisme...

Qu'arrive-t-il cependant? le Monopole Universitaire, la Centralisation Administrative, le principe de l'Électorat Censitaire, les pénalités prohibitives des Associations et des Réunions, en un mot, la concentration aussi dense que possible de toutes les forces particulières dans l'Etat, la théorie de l'Individu et de l'Espèce sacrifiés de plus en plus à la Masse et au Genre, toutes ces doctrines qui constituent l'école politique de la Convention et de l'Empire, ne résistent-elles pas, en partie du moins, dans les tendances, la polémique et les actes du parti de 1830, à ses échecs, aux leçons et aux menaces de 1848?

Assurément, nous constatons avec justice, avec bonheur,

qu'un mouvement salutaire d'affranchissement, de diffusion, semble se manifester dans les sommités intellectuelles et parlementaires de cette opinion. Mais combien cet ébranlement ne se montre-t-il pas hésitant encore, irrésolu, contraint? à la moindre allure un peu trop vive du parti de la Droite vers la liberté, ses récents alliés ne rentrent-ils pas en poussant leurs anciens cris de guerre derrière la herse des monopoles d'État, entre laquelle et eux ils ont maintenu tous leurs points de repère? Que de fois le brillant Achille du vieux libéralisme n'a-t-il pas menacé de se retirer sous sa tente, si on touchait trop hardiment à ses deux Briséis, la Centralisation et l'Université ?

Il y avait cependant une belle position à prendre pour l'ancienne opinion *libérale* après les événements de 1848 ; licencié par cette révolution, placé tout à coup par elle en face de l'adversaire le plus terrible de la liberté — le socialisme, — déshérité de ses illusions, affranchi de sa victoire de 1830, le parti orléaniste pouvait se croire et se donner la mission de faire cesser entre la jeune France et sa vieille Royauté ce long malentendu, que lui-même avait produit, maintenu, exploité. Tout l'y conviait : l'intérêt de la patrie éperdue, de la liberté menacée, son intérêt propre, — car il se relevait de sa défaite par un arbitrage, et se trouvait porteur de paroles pour le compte même des deux opinions entre lesquelles il venait de succomber. Pour cette œuvre tout lui succédait, comme dit Bossuet ; la nombreuse partie de la classe moyenne qui marche encore derrière les chefs de cette opinion, eût ratifié avec empressement une réconciliation dont sa dignité, couverte par ses plénipotentiaires, n'eût pas eu à souffrir. La Droite, composée en grande partie d'hommes de loisir, qui depuis dix-neuf ans ont pour la plupart désappris les affaires et s'en désaffectionnent, — heureuse, sans trop exiger plus, de la satisfaction donnée à son principe, — s'en fût retournée presque tout entière à ses patronages des champs, et, par une tradition même de sa patricienne indolence, eût laissé l'administration générale aux mains habiles et exercées qui la dirigeaient la veille.

Combien, du côté de la Légitimité même, ce rapprochement n'eût pas été plus facile encore et plus prompt! Qu'eussent stipulé les ambassadeurs de la liberté, qui n'eût été, d'autre part, souscrit avec bonheur? A qui eût demandé moins pour la France, on eût imposé davantage; c'est la royauté qui eût surfait la liberté. Le parti *libéral* était pris au mot.

Et il le sait bien! aussi n'a-t-il garde de s'y exposer de près ou de loin. Toutes les fois que des hommes graves ont entrepris depuis 1848 — et si, à vous-même, lecteur, il est arrivé — de vouloir aborder franchement et de résoudre une fois pour toutes, au nom et dans l'intérêt de la Liberté, cette question de la résistance des conservateurs au principe héréditaire, nos antagonistes ont-ils jamais rien précisé? Sollicités, pressés, sommés d'articuler les *remontrances*, *griefs* et *besoins* de la Liberté, n'ont-ils pas en toute rencontre déserté le terrain d'un apurement de compte détaillé, sérieux et public! Créanciers moroses qui crient à la mauvaise foi de leur débiteur et refusent ses offres réelles; confectionneurs de liberté, qui n'étiquettent rien, gourment le chaland et ne veulent pas — de peur qu'il achète! — lui dire leur prix. N'espérez pas qu'ils se laissent cantonner — sachant leur faiblesse — dans le champ clos pacifique d'un débat approfondi: ils vous échapperont toujours: si vous essayez de définir, ils se hâteront de confondre: quand vous voudrez préciser, ils généraliseront: si vous parlez froide raison, ils répondront haines et préjugés: à l'édifice de réconciliation que vous leur offrirez de construire ensemble, ils opposeront implacablement celui que nous-mêmes avons contribué à détruire, et qu'ils vous accuseront de vouloir relever: avec un art infini, ils agiteront sans cesse la surface de la discussion, pour empêcher d'en voir le fond et de le sonder. Ce dernier mot, enfin, que vous attendez pour leur donner le vôtre, vous ne l'aurez pas.

Et tout cela, si contradictoire en apparence, est très-motivé cependant... Nous montrerons plus tard que la Liberté est la base nécessaire, la seule possible, vraie, solide, de la Légitimité : qu'à celle-ci en chercher et prétendre en donner une autre, il y a crime et folie, et que toutes deux n'ont succombé un moment et à la fois, que parce qu'elles avaient méconnu leur origine commune et leur solidarité.

Ou nous nous trompons fort, ou cette vérité est maintenant comprise instinctivement par le parti orléaniste lui-même. S'étonnera-t-on dès lors, que ce ne soit pas dans l'intérêt de la Liberté — loin de là ! — qu'il persiste à repousser le principe monarchique?

SEPTIÈME ARTICLE. — 30 *Octobre* 1849.

Non, entre les Orléanistes et la Légitimité, il ne s'agit réellement ni de dignité et d'influence extérieures, ni de prospérité matérielle ou d'économie financière, ni de liberté religieuse, sociale et politique, ni de sécurité pour les biens et les personnes, ni d'ordre, ni de paix, enfin de tout ce qui fait le bonheur, la force, la puissance, l'éclat et la stabilité des empires : non, d'eux à la monarchie, la question est autre, et ailleurs; — la chercher là, d'un côté c'est déraison ; l'y maintenir d'autre part, c'est mauvaise foi. Cette question, elle n'est pas dans les institutions, — vraiment qu'importent ici les institutions ! — elle est dans l'homme même, et non point dans son intelligence encore, mais dans son cœur, et dans les fibres de ce cœur les plus susceptibles et les plus irritables, dans ce dernier repli que nous ne déroulons pas devant nous-mêmes, et que nous voudrions cacher à Dieu... En un mot, c'est une question de VANITÉ.

Raison, vérité, nationalité, patriotisme, intérêts même, la science des publicistes, l'éloquence des orateurs, la métaphysique des philosophes, les dissertations de l'historien, tout ce rayonnement immense — et impuissant — de l'esprit universel vient aboutir et se briser là, à cette sorte de lentille du cœur humain : l'ORGUEIL.

Oh! quelle est une profonde psychologiste, l'Eglise, quand elle fait de cette passion la dominante de toutes les autres et la *capitale!* passion implacable, en effet, qui asservit les mouvements les plus tumultueux de l'âme, les désirs de la chair, les convoitises du lucre, les séductions de l'oisiveté, les ardeurs de l'ambition elle-même; qui ordonne à l'homme de tuer, et il tue; de mourir, et il meurt; qui, lorsqu'elle commande le suicide même, est toujours obéie...

Et l'on s'étonnerait du suicide social de tout un peuple!

Oui, la cause que nous cherchons est là, rien que là; bons philosophes qui la combattez dans les esprits, voyez donc qu'elle est dans les volontés. Guérit-on l'envie par des syllogismes? Argumente-t-on contre la haine?

Il y a 18 ans que la conscience bourrelée de Casimir Perrier laissa tomber du haut de la tribune cet aveu remarquable, qui, à lui seul, est toute l'histoire de nos trois révolutions, — de celle de 1830 surtout :

Le mal qui nous dévore est une JALOUSIE SOCIALE.

Trente ans plus tôt, Châteaubriand avait écrit : *France, folle d'*ÉGALITÉ, *mais qui de* LIBERTÉ *ne te soucies guère.*

Entre la Légitimité de Henri V et les Orléanistes, voilà toute la question. Qui ne le reconnaît enfin aujourd'hui? parmi nos lecteurs, qui ne l'avait pressenti dès le début de ces études? A quoi bon plus de dissertations désormais? Trêve de faux-fuyants épuisés : plus d'*insincérités* inutiles.

Pauvre liberté, au nom de laquelle on nous attaque depuis 60 ans, et qui payez — malheureusement! — les frais de la guerre, désintéressez-vous de la querelle; elle n'est pas vôtre.

N'ayons donc plus le respect humain des mots; disons ceux qu'on semble oublier précisément parce qu'ils sont présents à l'esprit de tous, et qu'on ne parle plus depuis qu'on y pense toujours : BOURGEOISIE et NOBLESSE; n'est-ce point cela, dites? N'est-ce pas tout? Dévêtissez l'un après l'autre tous les artifices, dépouillez une à une toutes les récriminations, comme on déroule feuillets par feuillets les vieux papyrus; au dernier pli, vous ne trouverez contre nous, cherchant une pensée de liberté et de gloire, qu'un mobile : des personnalités; qu'un sentiment : une *jalousie sociale*.

Et plût au Ciel qu'aujourd'hui, comme en 89, on les pût apaiser — s'ils s'en contentaient toutefois! — par l'abandon de priviléges cessibles, de droits réels ayant corps, et qu'il fût possible d'abdiquer; mais comment détruire ce qui n'est plus à nous et n'appartient même pas à Dieu, qui ne le pourrait mettre à néant : le Passé! Retourne-t-on le sablier du temps? L'histoire se peut-elle suicider? *Les révolutions*, disait l'autre jour M. Berryer, *peuvent changer l'avenir; mais elles n'ont pas la puissance d'anéantir le passé* (1).

Ah! voilà bien ce qui rend la plaie si vive, les rivalités si âcres; c'est qu'elles n'ont pas d'aliments saisissables et qui puissent, pour un temps du moins, tromper leur ardeur! Qu'avons-nous à abandonner désormais, mon Dieu, pour nous faire pardonner? il ne nous reste pas un gâteau de miel. Des espérances de priviléges à jamais détruits — heureusement! Allons donc! qui les voudrait reprendre ces droits néfastes, si cher ils nous ont coûté? qui le pourrait? Et si, par impossible, cette prétention se relevait jamais dans quelques cerveaux malades ou attardés, nous compterions bien sur nos adversaires, devenus nos alliés dans la circonstance, pour la mettre à néant? Qui donc appréhende sérieusement le retour de ces priviléges surannés? personne. Nos antagonistes sont des fanfarons de peur. Non, ce n'est pas notre avenir qui est entre eux et nous, — ils sont bien trop forts pour le craindre, — c'est notre passé,

(1) Discours de M. Berryer dans la séance du 24 octobre. — *Moniteur*.

que nous sommes, de part et d'autre, impuissants à effacer.

A ce point de vue, qui a certainement frappé tout observateur profond du cœur humain, l'esprit révolutionnaire se réduit à un mot : *Guerre* à LA TRADITION.

La Tradition, c'est-à-dire tout ce qui soude le passé au présent et à l'avenir, perpétue la filiation des souvenirs, des affections, des devoirs, en un mot (et dans son acception la plus générale) le Respect, — culte à peu près éteint aujourd'hui, dont Royer-Collard déplorait si éloquemment l'absence dans notre société transformée ; cette tradition vénérable, qui forme la chaîne des âges, force était bien de la rompre comme tout le reste, pour briser du même coup tous les établissements sociaux, politiques et religieux, juxtaposés à chacun de ses anneaux ; il fallait déchirer la trame pour parfiler l'étoffe : tel a été parmi nous, tel est partout, tel sera toujours le premier soin de l'esprit révolutionnaire ; pour arriver à son but, — l'Individualisme, — il lui faut, s'il est permis de s'exprimer ainsi, individualiser le temps lui-même, désagréger les siècles comme les familles et les croyances ; oui, le propre de l'Idée Révolutionnaire, c'est la haine de la tradition.

Benjamin Constant, dans son *Cours de politique Constitutionnelle,* a un passage admirable sur ce sujet :

« ... On retrouve partout, dit-il, les jouissances de la vie sociale :
» *Il n'y a que les habitudes et les souvenirs qu'on ne retrouve*
» *pas. Il faut donc attacher les hommes aux lieux qui leur pré-*
» *sentent des souvenirs et des habitudes....* L'attachement aux cou-
» tumes locales *tient à tous les sentiments désintéressés, nobles et*
» *pieux....* Qu'arrive-t-il dans un Etat où toute vie partielle est dé-
» truite ?.. les *individus,* perdus dans un isolement contre nature,
» étrangers au lieu de leur naissance, *sans contact avec le passé, ne*
» *vivent que dans un présent rapide, et jetés comme des atomes*
» *sur une plaine immense et nivelée, se détachent d'une patrie*
» *qu'ils n'aperçoivent nulle part,* et dont l'ensemble leur devien

» indifférent, *parce que leur affection ne peut se reposer sur au-*
» *cune de ses parties...* »

Et pourquoi tant de ruines, pourquoi cet égrainement d'une société de dix siècles? parce que c'était une loi de cet orgueil fatal, principe du mal dans le monde.

Et il faut bien ajouter : l'esprit personnifié dans la révolution de 1830, qui seul l'a faite et exploitée, est surtout celui en qui se résume plus intimement la haine de la tradition. En aval comme en amont de lui, en effet, qu'a-t-on à perdre à ce qu'on se souvienne, à gagner si on oublie? Peuple et patriciens, — tranchons les mots, — nobles et paysans, presque tous vivant aux champs ensemble et côte à côte, inégaux entre eux par le nombre de leurs sillons tout au plus, que souffrent-ils dans leur vanité à regarder en arrière? Pour parler comme le Scythe, tous les ossements de leurs aïeux se lèveraient, qu'aucun d'eux ne les ferait rougir. Au contraire, la classe intermédiaire, incessamment recrutée dans l'élément auquel elle se superpose, doit vouloir renverser la limite qu'elle a déjà traversée pour faire disparaître surtout celle qu'il lui reste à franchir. Elle efface derrière elle la trace de ses pas, non point pour cacher où elle va, mais d'où elle vient. Avant tout, ce qu'elle exige, ce n'est pas tant qu'on se pardonne, mais qu'on *oublie*.

Ce qui s'appelle fouiller dans le cœur humain avec une lanterne, c'est ce que je fais, disait Mme de Sévigné. Ainsi faisons-nous. Qui s'inscrirait en faux contre nos paroles? Ce n'est pas du moins ceux de nos adversaires qui s'honorent par une rude mais loyale franchise (1).

---

(1) Citons ce court passage, entre tant d'autres, du journal *conservateur* le plus accrédité de Bordeaux, à la suite des longues et vives discussions agitées entre lui et la *Guyenne* (journal de droite), après l'élection du 14 octobre :

» ..... Nous n'abandonnerons pas nos idées, nos principes, et nous ne jetterons pas
» un cri de malédiction contre une révolution (celle de 1830) *qui nous affranchit de*
» *la suprématie qu'exerçaient sur nous la noblesse et le clergé.....* »

(*Mémorial Bordelais,* du 25 octobre.)

Dans sa généralité, — Dieu nous garde de ne pas faire les plus amples réserves, — l'esprit de la classe moyenne, dite *orléaniste* par occasion, est donc essentiellement et avant tout *anti-traditionnel.*

La Légitimité de Henri V est l'expression la plus haute de la tradition nationale historique. On comprend maintenant pourquoi on la repousse.

Sommes-nous loin de la Liberté, mon Dieu !

Et cependant le remède est là, dans la Liberté même ; contre l'esprit révolutionnaire il n'y en a pas d'autre. Car tout autre — l'appelât-on Force, Dictature, Despotisme — c'est la révolution encore sous d'autres noms.

Au surplus, nous nous réservons de n'être pas crus sur parole en parlant de la Liberté, et nous ne tarderons pas à développer sur ce sujet notre pensée entière ; car il faut que toute ambiguité cesse et que tous les malentendus tombent.

Un seul mot en finissant : la tâche que nous nous étions donnée était forte et triste ; la vérité est si lourde à porter aujourd'hui ! nous ne l'avons laissé choir devant aucune considération. Puissions-nous, si nous avons attaqué de front les idées, n'avoir pas cependant atteint les personnes ; ceci est une analyse plutôt qu'un combat ; en débutant n'avions-nous pas dit que nous prenions un scalpel, point une épée ?

PREMIER ARTICLE (1). — 21 *Novembre* 1849.

Ne nous laissons pas émouvoir par les agitations qui sont venues tout à coup troubler la surface des affaires (2). S'en pourrait-on étonner? la politique telle que la révolution nous l'a faite, est le *royaume des vents*, pour parler comme notre grand Fablier. Fermons donc les sabords; et tandis qu'un nouvel orage grondera peut-être sur nos têtes, poursuivons nos calmes études.

Aussi bien, nous cherchons dans les profondeurs — trop inexplorées — de la logique les causes premières et toujours agissantes des tempêtes d'en haut; pourquoi nous distraire à l'examen d'un symptôme superficiel et passager, quand c'est jusqu'à la racine même du mal et dans le sous-sol que nous voulons descendre?

Un éloquent publiciste que nous avons déjà cité, et que nous citerons encore, décrivait naguère dans un livre excellent (3) ces causes morbides, et il les déduit admirablement de la disparition du principe d'Autorité morale ; mais, à ce point de vue, il nous semble considérer l'homme dans son for intérieur plutôt qu'il ne l'analyse comme être social, et dans ses agissements extérieurs et collectifs. Réduite pour le moment (et sauf à remonter ultérieurement plus en deçà) à ses applications sociales et politiques, cette analyse nous a déjà conduits et nous ramène irrésistiblement à affirmer que la cause du mal,

(1) Cet article et ceux qui suivront sont le complément des sept autres que nous avons publiés le mois dernier, sous le titre de : l'*Election de Bordeaux*.

(2) Dans l'intervalle qui s'était écoulé entre la publication du précédent article et celui-ci, de graves incidents s'étaient produits : le *Message*, le ministère du 31 octobre et tout l'ébranlement qui s'ensuivit dans les rapports des deux pouvoirs politiques.

(3) *De la Démocratie et des périls de la Société*, par M. Laurentie.

c'est l'affaiblissement de l'esprit de Liberté ; conséquemment le remède : la Liberté, toute la Liberté, rien que la Liberté.

Hâtons-nous de définir. « En toute discussion, si l'on veut » éviter l'erreur, dit Cicéron, lorsque l'on est d'accord sur la » dénomination de l'objet disputé, il faut expliquer nettement ce » que cette dénomination signifie ; car jamais on ne comprendra » quels sont les éléments de la chose sur laquelle on discute, » si l'on n'a d'abord compris ce qu'elle est (1). »

Entendons-nous donc tout d'abord sur cette question primordiale : qu'est-ce que la Liberté ?....

Comme tous les êtres animés, l'homme apporte en naissant des désirs à réaliser, des sentiments à satisfaire, des facultés à appliquer ; il veut vivre, *croître, multiplier*, prémunir et défendre sa vie, celle de sa compagne et de ses enfants ; et toutes ces choses, il les veut parce qu'il les peut ; car telle est sa loi, qu'on a nommée *naturelle*.

L'homme est en outre doué d'une force d'expansion qui lui fait développer ses vues et son action bien au delà du cercle étroit de ses intérêts individuels et du moment ; seul entre toutes les créatures vivantes, dont Dieu l'a fait roi, il a l'instinct et le souci de l'avenir. A défaut de l'immortalité personnelle qui lui manque ici-bas, ses sollicitudes, devançant le temps, s'efforcent de lui en assurer une autre ; elles se propagent de ses enfants à sa race, de la jouissance actuelle de ses œuvres à leur transmission ; il aspire à se perpétuer dans les fruits de son travail comme dans les générations de sa lignée ; sa supériorité se voit à ses projets.

S'il a l'ambition et jusqu'à un certain point le pouvoir de

---

(1) ... Omnibus in rebus disserendis... Si errorem velis tollere,.. ejus rei de quâ quæretur si nomen quod sit conveniat explicetur nomine... Nunquam enim quale sit illud de quo disputabitur intelligi poterit, nisi quod sit eo fuerit intellectum priùs... (*De republicâ*, lib. I.)

s'étendre au delà de lui-même, l'homme se dilate aussi, pour ainsi dire, autour de lui; il recherche et accueille toutes ses affinités. Pour se mieux garantir, il se cimente à ses semblables, les individualités s'agrégent, les intérêts s'assimilent; sans cesser d'être soi, on se limite afin de rester fort : désormais *tout se tient*, la cité se forme.

Remarquez autrefois (et c'est ici que plusieurs philosophes ont erré), l'association n'a créé aucun *droit* nouveau ; tout au plus a-t-elle la garde de ceux qui lui sont confiés; elle les *définit*, en authentique les titres, en protége l'usage, prévient leur choc et leur impose, à titre de solidarité, la force même qu'elle en reçoit. Mais, avant d'entrer dans la Société, l'homme était déjà à lui seul tout un établissement : esprit, amour et force tout ensemble, il avait et conserve en propre, ses biens, ses affections, sa foi; au lieu donc, selon que disent certains sophistes, qu'elle l'ait pris seul et fruste, et lui ait imposé ces institutions primitives comme un vêtement pour couvrir sa nudité, la société a reçu l'homme avec sa religion , sa famille, sa propriété; à ce titre, elle lui doit de l'en laisser jouir, de les faire s'affermir et se développer; cet apport est la dot sociale de l'humanité, qui ne se peut ni prescrire, ni aliéner; c'est bien d'elle que, généralisant la portée de l'axiome du droit romain, on pourrait dire : *Rei publicæ interest res dotales salvas esse.*

Ce point de départ, nettement dégagé, devient la souche de tout notre économisme...

Cependant les Cités peuplent : des groupes nouveaux se forment et se propagent : les cercles s'élargissent en se multipliant : des rapports s'établissent non plus seulement entre tous les membres d'une même famille et parmi ces familles elles-mêmes, mais de l'une à l'autre cité; un intermédiaire commun devient nécessaire entre ces agrégations devenues plus diverses, plus espacées et plus nombreuses ; on éprouve le besoin d'une force nouvelle de cohésion et de police : la circonférence se fixe; cet établissement embrassant la généralité des constitutions éparses, s'appellera l'*Etat*.

Mais observez encore que, pas plus que la cité n'avait pu créer des droits nouveaux aux individus (*in-divisi*) dont elle s'était formée, pas davantage les cités en recevront-elles à leur tour de l'Etat qu'elles composent; tous deux ne possédant que ce qui leur a été confié, que pourraient-ils donner? aucun n'a d'acquêts et n'en saurait avoir, à moins qu'il n'usurpe sur les droits naturels des sociétaires; et nous avons vu qu'ils étaient imprescriptibles.

Et la raison de tout ceci est simple :

Quelques transformations qu'ils subissent, à quelque point de vue qu'on se place pour les examiner dans leurs applications les plus larges, aussi bien que dans les plus resserrées, entre les limites murées de l'immense empire du Soleil, comme dans l'étroite enceinte du fossé de Romulus, on ne trouvera jamais et nulle part que le développement de ces trois grands et uniques principes de toute sociabilité : la Religion, la Famille, la Propriété. A toutes les époques, sous toutes les latitudes, de quelques agens qu'il se serve, vers tous les pôles où son génie le pourra guider, l'homme ne poursuivera que la jouissance et l'affermissement de ses Œuvres, de sa Race ou de sa Foi. C'est ainsi que, dégageant l'une après l'autre les innombrables combinaisons au milieu desquelles la trace en semble se perdre, on retrouve par une sorte de chimie sociale (qu'on veuille bien nous passer cette image) les trois principes simples de l'activité humaine.

Et de même que chaque homme, possesseur de droits naturels égaux, a cependant son caractère et ses aptitudes qui lui restent propres, chaque cité, reflétant jusqu'à un certain point dans sa constitution ces nuances infinies, aura aussi ses mœurs particulières, sa raison d'être première, son *originalité*. Ainsi, les nécessités qui l'auront réunie, les intérêts à la défense desquels elle aura été plus spécialement consacrée,

les forces que sa mission aura fait naître et développées, l'accroissement qu'elle en a reçu, les établissements qui l'auront garantie, les variétés et la fécondation de ses œuvres, l'ensemble de ses usages, de son histoire et de ses lois, en un mot sa *civilisation*, ne seront que la mise en valeur des droits originels, déposés mais non prescrits dans l'Association. Heureuse et forte la cité où se perpétue cette harmonie des affinités primitives, vivant chacune de leur vie propre, gouvernées par les lois qu'elles-mêmes ont faites, et *qui sont*, comme les a si bien définies Montesquieu, *les rapports dérivant de la nature des choses*, où vivra la Tradition, et où ne s'altéreront jamais le souvenir et l'esprit du pacte primitif. « Toute cité, toute républi-
» que, dit encore Cicéron, et par là j'entends *la chose du*
» *peuple* (*res publica*), a besoin pour se maintenir durable
» d'être régie par une autorité intelligente. *Cette autorité doit*
» *toujours se rapporter avant tout au premier principe qui*
» *a produit la cité*... (1) »

Dans des dimensions plus amples que la cité, l'Etat n'aura pas cependant une base différente et un autre caractère; seulement l'envergure se sera élargie; les unités naturelles, groupées dans la cité par l'association primitive, se retrouveront dans l'Etat comme personnalités collectives, vivifiées par une sorte de génération artificielle, et admises au titre de citoyenneté; et, pour conserver aussi fidèlement que possible dans les conventions sociales le type de l'individualité humaine, ces établissements seront nommés *personnes civiles*.

Semblable à une végétation puissante qu'alimentent ses racines plongées dans le sol, la Sociabilité, dans ses infinies ramifications, n'est donc autre chose que la sève, pour ainsi dire, et l'épanouissement des droits naturels.

Cette expansion spontanée de toutes les aspirations humaines,

---

(1) Omnis res publica, quæ populi res est, consilio quodam regenda est, ut diuturna sit. *Id autem consilium primum semper ad eam causam referendum est, quæ causa genuit civitatem*...

groupées d'abord par leur seule attraction, régies ensuite par leurs lois, progressant d'elles-mêmes et se perpétuant sans effort comme sans contrainte, réalisant enfin à tous les degrés et à toutes les époques de l'organisme social des institutions traditionnelles, où, à la seule condition de ne pas gêner leur essor parallèle, chaque affinité trouve un appui, chaque affection un sanctuaire, chaque aptitude une application, tous les intérêts une garantie, toutes les émulations une carrière, tous les dévouements un mobile, tous les services des récompenses : voilà la Liberté...

Nous la définirons donc dans ses applications extérieures: Le développement légitime de toutes les Diversités naturelles, sociales et politiques.

A mesure que se poursuivra cette étude, nous aurons à constater si les écoles opposées à la nôtre la comprennent et l'acceptent aussi ample que nous.

DEUXIÈME ARTICLE. — 23 *Novembre* 1849.

La Liberté a eu, de nos jours, à lutter contre trois grands partis appelés : le Socialisme, le Libéralisme et l'Absolutisme.

Ou plutôt, ces trois dénominations marquent les phases successives de cette lutte, ses mobiles divers, ses transformations graduelles, sa perpétuité...

Ainsi que nous l'avons annoncé hier, nous l'étudierons à tous ces points de vue, dans l'ordre que nous venons d'indiquer, remontant ainsi, degré par degré, la filiation des causes de ce long antagonisme.

Nous nous trompons : le socialisme (ou le communisme) n'est pas une cause, c'est un effet, et le dernier. Avec lui, s'il venait à triompher, tout serait dit contre la Liberté ; les conséquences suprêmes de la lutte seraient atteintes : toutes les combinaisons en auraient été épuisées. L'alternative d'Hamlet, indécise jusque-là, serait résolue, il n'y aurait plus rien au delà ; la Liberté pourrait sans doute ressusciter un jour, mais, dès lors, elle n'existerait plus.

Avec le communisme, en effet, toute individualité finit ; l'homme est dépouillé des attributs de son indépendance et de sa dignité originelles ; on lui enlève jusqu'à sa personnalité, car, dans ce régime qui n'est pas même assis sur le principe brutal du nombre, l'homme ne compte plus comme unité sociale, *non tàm vilis quàm nullus*. L'esclavage antique est dépassé.

Et avant d'arriver à l'homme, que de ruines ! tous ses établissements naturels, sociaux, politiques, sont détruits; eh ! pourquoi une patrie étroite et jalouse, lui dirait-on, à lui citoyen du globe ! des biens propres, dès lors que tout est à tous désormais ! une famille particulière, quand la *Fraternité* n'a fait qu'une seule famille du genre humain ! A cette épouvantable ironie que la terre n'a vue encore qu'une fois — sur le Golgotha — il ne manquerait que le sceptre de roseau, la couronne dérisoire et l'inscription : ÉGALITÉ, pour proclamer l'homme Roi de l'univers.

Et observez que l'homme cloué à cette *civilisation* crucifiée ne s'en pourrait détacher pour aller retrouver dans les déserts sa pauvre liberté naturelle ; il ne s'appartient plus ; il est la créature-lige d'un Maître qui, en l'affranchissant, il est vrai, de tous ses *devoirs*, lui a imposé, par contre, des *droits* qui en tiendront lieu : celui d'exiger de la communauté une hutte pour s'abriter, son travail du jour, sa litière de nuit, celui de hennir s'il a faim quand sonnera la diane, *et le reste*... Ce Maître, présent partout, qui étreint l'homme de toutes parts, impersonnel, inattaquable, invincible ; ce panthéisme despotique, inconnu de l'antiquité païenne elle-même, et que Platon, qui l'avait entrevu en rêve, adorait peut-être à Athènes, sous le nom de *deo ignoto*, c'est le DIEU-ÉTAT : principe et fin de toutes choses dans cette *république heureuse* du socialisme.

Avons-nous chargé le tableau? En conscience, dites si ce n'est pas là le dernier mot du système communiste? Si vous le niez, nous faudra-t-il reproduire en entier cet admirable article d'un homme qui ne vous sera pas suspect — M. de Lamennais — et d'une date qui ne vous sera pas suspecte non plus — 1848 — dans lequel le trop célèbre écrivain, par une glorieuse et dernière révolte de son intelligence contre les doctrines sous lesquelles il semble maintenant plier à son tour, jetait alors anathème aux Socialistes, au nom de la Liberté!

Mais que disons-nous? Hier encore, un homme — et quel homme! — ayant écrit dans ses *Confessions* ces mots remarquables :

« *Liberté!* voilà le premier et le dernier mot de la philosophie sociale... (1) »

Il faut voir quel déchaînement de colère ont provoqué ces paroles parmi les Puissances socialistes! L'Ange déchu de Milton, se prenant tout à coup à invoquer Dieu, n'en soulèverait pas de plus terribles dans son royaume désolé :

« . . . La thèse soutenue par M. Proudhon — (la Liberté!) —
» s'écrie de Londres M. Louis Blanc, est non-seulement fausse dans
» son principe, mais *désastreuse dans chacune de ses conséquences*;
» elle efface du vocabulaire le mot *Solidarité*... elle supprime les
» termes ÉGALITÉ et *Fraternité*, ce qui réduit le troisième, *liberté*,
» à ne plus exprimer que l'oppression... *La négation de l'Etat*
» (voyez-vous? l'*Etat*, toujours l'*Etat*!) se trouve avoir pour corol-
» laire la formule : « A chacun suivant ses œuvres... » *Conclusion*
» *abominable!* devant laquelle ne recula pas, du reste, la logique
» des anciens réformateurs, encore étrangers au sentiment de la
» *fraternité* humaine... Tout rapporter à la liberté exclusivement,
» c'est consacrer la tyrannie (la tyrannie!) *par voie d'individua-*

(1) *Les Confessions d'un Révolutionnaire*, par M. Proudhon.

» *lisme... Loin d'être un socialiste*, Proudhon *pousse l'indivi-*
» *dualisme jusqu'à une sorte de frénésie...* »

Et M. Pierre Leroux maintenant, le *Théologaste* du socialisme, comme l'appelle l'auteur des *Confessions :*

« . . . Avec votre attachement exclusif au principe de *Liberté,*
» sans considération de *fraternité* et d'*égalité*... vous n'êtes peut-
» être au fond qu'un... *libéral !...*

O *libéraux!* le dernier trait est-il pour vous assez cruel !... Mais, en attendant que nous remontions vers vous de ces bas-fonds du communisme, considérons ensemble quelles passions s'agitent dans ce dernier *Cercle — ultimis faucibus orci —* de l'orgueil humain ; quelles haines! quelles fureurs au seul nom de Liberté! L'enseignement est-il assez complet ?

Et pourtant, s'avisent les philosophes naïfs, l'homme n'avait-il pas été dit *souverain*, sa Raison maîtresse d'elle-même et du monde? Nous avions bien décrété, ce nous semble, *l'indépendance intellectuelle* et *l'affranchissement des consciences?* et toutes ces choses, on les répète à l'homme tous les jours encore ; et jusque dans sa servitude même, il les croit...

Et pourquoi ne les croirait-il pas? oui, sans doute, la Souveraineté de la raison individuelle a été proclamée : elle existe dans la société telle que les révolutions l'ont faite; mais, philosophes, vous ne voyez donc pas que c'est votre *émancipation* même qui rend l'homme si faible ensuite dans l'organisme social? Vous aviez méconnu que le corrélatif de la Liberté — c'est la Responsabilité; Dieu a créé l'homme Libre, mais justiciable d'une législation positive qui doit régir toutes ses actions internes et extérieures, et dont sa Foi place le tribunal dans La Conscience. C'est cette loi, préexistante à la sociabilité et qui en *relie* tous les membres (*religio*), qui, disant à l'homme : *Tu adoreras un seul Dieu,* a créé la Religion : *Tu ne prendras pas la femme de ton voisin*, la Famille : *ni son âne, ni son champ*, la Propriété. Législation primordiale, dont toutes les institutions sociales et politiques, pour être d'autant plus parfaites, reflèteront plus fidèlement l'esprit, et qui constitue par sa transmission d'âge en âge — dans son immuable jurisprudence — l'Autorité morale. Dans l'étude de l'organisme social, on remonte ainsi rétrospectivement, par la génération des effets et des causes, de l'Etat à la Cité, de la cité à l'Homme, de l'homme à Dieu.

En brisant cette *chaîne*, comme ils l'ont nommée — les insensés ! en la soudant d'abord à son premier anneau,—l'Homme — la société périssait ; avec la Raison Individuelle souveraine, infaillible, injusticiable de tout autre pouvoir que d'elle-même, l'association serait dissoute ; la logique des lois civiles, sans base désormais, resterait impuissante ; l'Esprit de Dieu *n'étant plus porté sur les eaux*, on reverrait le chaos. Cette désorganisation complète de tout pouvoir quelconque, acclamée l'autre jour par M. Proudhon dans son délire, et dont il savourait avec délices, en l'épelant, le nom affreux — l'*An-archie*, cette nuit de l'Erèbe couvrirait une seconde fois la face du monde.

Écoutons M. Laurentie dans son beau livre de la *Démocratie :*

« Autorité dans la religion, autorité dans la morale, autorité dans la politique, autorité dans la justice, autorité dans la famille, autorité dans tous les rapports des hommes entre eux, autorité de l'expérience et des souvenirs, autorité des traditions et des coutumes, autorité des affections et des lois, nous avons tout livré à la risée des hommes.... Il n'y a plus d'autorité générale, il n'y a plus que l'autorité de la raison. Mais la raison, qu'est-ce ? chacun a sa raison et chacun croit à sa raison. Donc chacun, en vertu de sa raison, croit pouvoir dominer la raison d'autrui. Quel est celui qui pense n'être pas dans le vrai ? Quel est celui qui pense que le vrai ne doive prévaloir sur le faux ? Voilà donc une *anarchie* de droit ! voilà donc une guerre éternelle ! voilà donc la société humaine déchirée sans fin ! cela fait horreur ; mais quel remède !

» Aussi, de nos jours, la politique s'est vue impuissante, et elle le sera éternellement, à combattre la frénésie du sectaire qui s'en allait disant : *La propriété, c'est le vol !*

» — Vous sapez la société! Vous détruisez les lois civiles! Vous exterminez tous les droits !

» — Eh ! justement, c'est ce que je prétends. Et vous, dit le raisonneur, de quel droit combattez-vous ma théorie ? Croyez-vous en Dieu? Faites-vous dériver la loi humaine ou sociale d'une puissance souveraine qui commande à votre raison et à la mienne ? Quelle est votre foi ? Vous n'avez pas de foi. Vous ne croyez qu'à vous-même ! Vous ne croyez qu'à vos lois ! Moi, je ne crois ni à vos lois, ni à vous; je ne crois aussi qu'à ma raison. Vous êtes athée de fait, et s'il me plaît de l'être dogmatiquement, ne fût-ce qu'en hypothèse, qu'avez-vous à dire? Entre nous, qui est arbitre?... »

La Raison étant *déchaînée*, il fallait bien pourtant remplacer par une autorité quelconque celle qu'on avait détruite ; et il y avait hâte. Calvin n'y perdit pas de temps ; on sait qu'aussitôt après la réforme, il se pressa d'écrire son fameux livre pour inaugurer le *Droit divin* des Princes. Ce *Dogme* — quelle dérision! — d'origine protestante, n'ayant plus suffi, et la foi en ayant été perdue, comme du reste, de chute en chute, de despotisme en despotisme, la chaîne détendue s'enroulant de plus en plus sur elle-même et enlaçant l'individualisme humain de ses anneaux, le Socialisme est à la fin venu, qui, détrônant à son tour la folle royauté Individuelle, et formant de toutes les créatures vivantes une figure colossale assez semblable à l'Idole druidique composée de corps humains, a nommé ce Moloch, principe et fin de tous les Droits : l'ÉTAT !....

TROISIÈME ARTICLE. — 24 *Novembre.*

Nous avons dit que le Socialisme était le dernier terme de l'Orgueil humain ; est-il besoin d'ajouter qu'il en est aussi le châtiment, et le plus dur ?

Mais le Mal avait commencé bien en deçà.

Le jour où le fameux ministre protestant écrivait :

« Il faut qu'il y ait dans les sociétés une certaine autorité *qui n'ait pas besoin d'avoir raison* pour valider ses actes ; or cette autorité n'est que dans *le peuple.* »

Ce jour-là, Jurieu dictait, sans le savoir et sans le vouloir, la préface du *Contrat social,* dont Babœuf et M. Louis Blanc se sont chargés de tirer ensuite les conséquences suprêmes et irrésistibles.

L'individualisme devait aboutir au Socialisme, comme l'analyse conduit nécessairement à la synthèse ; il ne pouvait être qu'une transition éclatante et subite, projetant au loin d'immenses lumières, mais éphémère, destructive, et se dévorant elle-même, telle que la flamme d'un incendie.

C'est que la Sociabilité, quelle qu'en soit la forme — monarchie, république, oligarchie, etc., — ne peut comporter qu'une certaine somme de liberté ; tout ce que vous enlevez de force à la conscience, il faudra bien la retrouver dans les lois ; vous n'aurez fait, en fin de compte, que déplacer la Responsabilité : pour autant que vous en aurez affranchi la Volonté de l'homme, nécessité sera d'en surcharger ses Actes. La liberté — et quelle liberté ! — sera en dedans de lui, soit ; mais le despotisme au dehors, et despotisme d'autant plus dur que l'impulsion intérieure, fermentant dans son anarchie comprimée, sera plus menaçante.

La théorie de l'individualisme, — le Libéralisme, — qui a rempli toute l'école politique du XVIIIe siècle, et qui achève aujourd'hui (non sans de brillantes résistances) sa mission dépassée ; le libéralisme n'avait pas prévu au bout de sa carrière si éblouissante, sa fin si prompte ; il n'avait pas compris qu'étant donnée la nécessité de conserver l'état social, il faudrait tôt ou tard — et bientôt — subir une force nouvelle de cohésion, au lieu de celle qu'il avait détruite, et que par une loi des unités sociales, analogue à celle qui régit les corps célestes, les individualités, impuissantes et isolées dans le tourbillonnement de leur *indépendance*, seraient réagrégées nécessairement, par leur attraction même, sous l'empire d'une formule fatale, — le Communisme.

Mais alors y pensa-t-on seulement, si tumultueuse et imprévue fut cette échappée de la Raison ? En haine de la tradition, on brisa toutes les associations naturelles et séculaires, tout ce qui avait une vie propre et libre, une filiation respectée ; on brûla les registres de toutes les *personnes civiles*, on effeuilla tous les souvenirs; pas un fruit ne resta à sa grappe, l'égrainement fut universel, complet ; et à la vue de cette destruction générale, le législateur, s'appliquant le mot de la Genèse, fut fier de son œuvre, *et vidit quia esset bonum.*

Citons une fois de plus M. Laurentie dans une de ses plus belles pages, qui rappelle Pascal :

« Partout l'idée d'une autorité, distincte de l'autorité propre de l'homme sur lui-même, se présente comme une idée odieuse, avilissante ; le monde ne croit plus qu'à des pouvoirs délibérés. Toute autorité antérieure est déniée ; et ici nous n'exposons pas les conséquences dogmatiques d'une théorie ; nous découvrons les faits sociaux qui sont la mise en pratique d'un système. Qui ne voit l'état de perturbation et de malheur où arrive la génération contemporaine ? La hiérarchie pèse à son orgueil ; hiérarchie de tradition ou de convention, il n'importe ; toute déférence dépasse les forces de la volonté effrénée des hommes..... Or, cet état de séparation et d'éparpillement a plu à certains philosophes, qui en ont fait le point de départ d'un état social perfectionné, d'un état de civilisation avancée. L'homme est affranchi de l'homme ! ont-ils dit. L'homme n'obéit qu'à lui-même ! Il est son propre souverain ; c'est beau cela ! Point de sujétion ! point de dégradation ! la nature humaine est relevée de son servage. Et appliquant cette souveraineté personnelle à l'ensemble des hommes réunis en société, on lui a donné le nom de DÉMOCRATIE.

» La DÉMOCRATIE, c'est donc la souveraineté de l'homme étendue à la totalité du peuple..... Le peuple-Roi, c'est la souveraineté sans limites : la DÉMOCRATIE, c'est le pouvoir absolu du peuple de disposer de lui-même.

Oui, tel est le dogme. L'orgueil personnel est transformé en loi générale..... La Démocratie est donc la loi de la force. Elle écarte toute idée d'ordre moral, distincte de la volonté *actuelle* du peuple. La Démocratie, c'est le matérialisme en action ; c'est, conséquemment, le contraire du christianisme.

La France ne devait pas jouir longtemps de cette liberté fausse qui l'avait conquise. La Gloire est la première courtisane que trouve au sortir des lois paternelles un peuple *émancipé ;* elle s'offrit à nous; *Robespierre monta à cheval,* pour nous servir de l'expression de Mme de Staël, et nous conduisit au bout du monde. Mais cette servitude ne nous déplut pas; car elle consacrait l'ÉGALITÉ, à laquelle l'orgueil du *libéralisme* avait tout sacrifié. Bonaparte ne fut que l'Attila de la *Démocratie.*

« Une expérience journalière, dit Châteaubriand, fait recon-
» naître que les Français vont instinctivement au pouvoir ; ils
» n'aiment pas la Liberté : l'*Egalité seule est leur idole.* Or,
» l'égalité et le despotisme ont des liaisons secrètes. Sous ces
» deux rapports, Napoléon avait sa source au cœur des Fran-
» çais, *militairement inclinés vers la puissance, démocrati-*
» *quement amoureux du niveau...* (1) »

De même qu'il avait défendu l'Empire, et sans cesser pour cela d'être très-conséquent avec lui-même, le libéralisme, pendant sa plus belle carrière, de 1815 à 1830, s'efforça constamment de maintenir dans l'ordre politique l'Individualisme, résumé dans la *raison d'Etat.* Aussi le vit-on, en même temps qu'il réclamait avec tant de vivacité et de succès les libertés que nous nommerons *agressives et individuelles,* combattre à outrance celles que nous appellerons, par contre, *collectives et défen-*

(1) *Mémoires d'Outre-Tombe.*

sives, celles qui *dissolvent* à l'encontre de celles qui *édifient*. Mais laissons parler, à son tour, un des anciens chefs de cette école, et parmi ses publicistes un des plus brillants, M. Charles Dunoyer, qui a écrit naguère un livre dont plusieurs aperçus sont de véritables chefs-d'œuvre (1) :

« Dans ces pays (les Etats-Unis et l'Angleterre), si pleins de vie, de sève, de mouvement, de féconde activité, dans ces pays les plus paisibles et les plus prospères du monde, ce que les citoyens demandent essentiellement et presque exclusivement aux pouvoirs publics, c'est, en les mettant autant que possible à l'abri de toute entreprise injuste, publique ou privée, intérieure ou étrangère, *de les abandonner d'ailleurs à leur propre responsabilité*, et, par cela même qu'ils sont responsables, *de les laisser libres*, de laisser largement et franchement ouvert devant eux l'accès, sans exception, de tous les travaux, de toutes les professions, de toutes les carrières.

Nous sommes les antipodes de ces pays-là. S'ils considèrent la société comme un corps doué d'une vie propre et qui se développe pour ainsi dire spontanément, nous la considérons au contraire comme un corps qui ne peut se passer, dans ses fonctions les plus naturelles, d'impulsion et de direction, et dont le gouvernement est le principal et presque l'unique organe. Autant les individus, aux Etats-Unis et en Angleterre, ont personnellement d'énergie et consentent volontiers à répondre d'eux-mêmes, autant cette responsabilité nous pèse et nous effraie ; autant ils attachent de prix *au libre usage de leurs facultés productives, autant cette liberté nous est indifférente, j'allais dire antipathique*. Les seules libertés qui nous plaisent, au moins les seules que recherchent parmi nous les partis, sont celles qui ont un caractère politique, l'électorat, le droit de réunion et d'association, la liberté de la presse et de la tribune, celles qui nous rapprochent du pouvoir, qui nous permettent au besoin de l'esca-

(1) *La Révolution de Février*, par M. Dunoyer (ancien rédacteur du *Censeur*), conseiller d'Etat, membre de l'Institut. — 1849.

lader, de renverser et de supplanter ceux qui le possèdent, de participer d'une façon quelconque à son action et aux innombrables avantages dont il lui est donné de disposer parmi nous. *Les autres ne nous importent guère.* »

La raison, la vérité, la droiture d'esprit et de conscience parlent ici par la bouche de l'honorable M. Dunoyer, désillusionné maintenant. Ah! que la France serait tôt sauvée, si toutes les haines, tous les préjugés qui ont enfanté le vieux libéralisme, reconnaissaient enfin comme nous, avec le savant économiste que nous venons de citer, que l'antidote de l'esprit révolutionnaire — c'est la Liberté !

QUATRIÈME ARTICLE. — 26 *Novembre* 1849.

Nous en avons fait l'aveu précédemment, aucun parti n'est sans péché contre la Liberté, *quis* NOSTRUM *est sine peccato?..*

Et la faute est ancienne ; à la suivre dans l'histoire, on remonterait loin, et, pour ne rien dissimuler, on irait haut. Est-il bien sûr que le règne de Louis XIV ne soit pas, sinon la première, au moins la plus puissante initiation des doctrines contre lesquelles la société et la Liberté se débattent aujourd'hui ? Inquiété par l'esprit de rébellion que la réforme religieuse avait soufflé dans les hauteurs du monde, Richelieu, — voyant d'ailleurs la nationalité menacée par le parti des Grands, ligués avec la Hollande et l'Angleterre protestantes contre la France, — dédaigna de regarder au-dessous de la noblesse factieuse, dans le peuple, où il aurait trouvé les vieilles libertés patriotiques et catholiques ; il ne s'attarda pas à y réfléchir, seulement ; ivraie et bon grain, il faucha tout de sa main puissante, et lia fortement en gerbe ces épis desséchés; survint ensuite le XVIIIe siècle, qui n'eut qu'à les étendre, pour les égrainer, sur l'aire de la révolution, et tout fut dit.

A cette œuvre, tous concoururent malheureusement. Pour se

dédommager de n'être plus les maîtres, les Grands se firent esclaves ; l'Episcopat sembla incliner un moment vers le centre de la Puissance, plutôt que vers le centre de la Foi ; la bourgeoisie, — la seule prévoyante et bien avisée en l'occasion, — s'était plus hâtée, elle ; dès 1614, elle avait supplié à genoux la royauté, dans l'assemblée des derniers États Généraux, de s'emparer du pouvoir absolu. Tout se courba : ce fut la révolution du respect ; et quand ce *soleil qui n'avait pas d'égal* se leva sur toutes ces Institutions prosternées, certes il put croire et dire : ***L'État c'est moi.***

Il fallait cependant que notre vieil esprit de liberté nous eût déjà bien abandonnés, pour que cette royauté asiatique, subitement importée dans nos mœurs *franches*, pût s'y acclimater; mais dès lors, — comme de nos jours, — on se débarrassa de l'histoire; et le Cardinal de Retz n'était pas plus compris déjà de la foule qu'il ne le serait aujourd'hui, quand il écrivait cette page admirable, et trop peu connue, qui, à elle seule, vaut tout son livre :

« ... Nos rois n'ont pas toujours été absolus au point qu'ils le sont aujourd'hui ;... leur autorité a été tempérée par des coutumes reçues et comme mises en dépôt, *au commencement* dans les mains des États Généraux, et depuis dans celles des Parlements... Les vérifications des Edits *pour les levées d'argent* (l'impôt), sont des usages *presque effacés* de ce sage *milieu* (*nil novi sub jove*), que nos pères avaient trouvé entre la licence des Rois et le libertinage des peuples. Ce milieu a été considéré par les sages et les bons princes comme un assaisonnement de leur pouvoir, très-utile pour le faire goûter aux sujets... L'*Histoire* du sire de Joinville nous fait voir clairement que saint Louis l'a connu et estimé... Sous Charles IX et sous Henri III, la cour fut si fatiguée des troubles, *qu'on y prit pour révolte tout ce qui n'était pas soumission.* Henri IV, *qui ne se défiait pas des lois, parce qu'il se fiait en lui-même*, marqua combien il les estimait... M. de Rohan disait que Louis XIII n'était jaloux de son autorité qu'à force de ne pas la connaître ; le maréchal d'Ancre et M. de Luynes n'étaient que des ignorants qui n'étaient pas capables de l'en informer. Le cardinal de Richelieu qui leur succéda, fit, pour ainsi parler, un fond de toutes les mauvaises intentions *et de toutes les ignorances des deux derniers siècles*, pour s'en servir selon ses intérêts ; il les *déguisa* en maximes utiles et nécessaires pour établir l'*Autorité Royale ;* et la fortune secondant ses desseins, *il forma dans la plus légitime des monarchies la plus scandaleuse et la plus dangereuse tyrannie qui ait peut-être jamais asservi un État.* L'habitude, qui a eu la force en quelques pays d'accoutumer les hommes au feu, *nous a endurcis à des choses que nos pères ont appréhendées plus que le feu même. Nous ne sentons plus la servitude* qu'ils ont détestée moins pour leur propre intérêt que pour celui de leurs maîtres... L'empire romain mis à l'encan et celui des Ottomans nous marquent l'aveuglement de ceux qui ne font consister l'autorité que *dans la force...* »

Sans doute, Louis XIV paya royalement la liberté que la nation tout entière lui offrait sans soulte ni retour ; il traça la ligne de nos frontières, telles, comme on dit en droit, qu'elles se poursuivent et se comportent encore aujourd'hui. Se figure-t-on, en effet, la France dépouillée des conquêtes de Louis le Grand, — l'Alsace, la Flandre, la Franche-Comté ? Qu'en resterait-il ? Louis XIV eut aussi la gloire d'avoir donné à notre patrie un de ces règnes immortels qui marquent, avec ceux de Périclès et d'Auguste, les trois grandes étapes de l'humanité. Mais combien chèrement ne fut-elle pas payée, cette gloire ? Richelieu, pour lui faire rapporter davantage, avait placé d'avance la monarchie en viager sur la tête du jeune successeur de Louis XIII ; après lui, la royauté vécut tant bien que mal des arrérages pendant un règne et demi, jusqu'au moment où, enfin, elle s'affaissa sur elle-même et disparut.

C'est que la Centralisation, créée dès cette époque, avait déjà énervé la vie multiple et les salutaires résistances des anciennes libertés nationales. Cette machine puissante, qui nous étreint aujourd'hui, n'a fait que changer successivement de moteur et d'agents ; quand l'esprit royal qui l'animait d'abord, et ses magnifiques compensations, l'eurent quittée, le rouage-monstre resta, se fortifiant et se matérialisant de plus en plus sous la main de la Convention et de l'Empire, à ce point que cet engrenage menace maintenant d'étouffer tout ce qui nous reste de liberté, sous le nom de socialisme. Et tout ceci est une déduction très-logique : Le Communisme *administratif* de l'école révolutionnaire et impériale se déduisait sans effort du communisme *royal* de Louis XIV, de même que le communisme *social* est la conséquence dernière des deux premiers.

Malheureusement, la légitimité, trouvant, à son retour, cette *machine admirable toute montée*, comme on ne cessait de le lui répéter, la conserva à son usage ; et la plupart des hommes d'Etat de cette période, au moins ceux qui en posèrent les premières assises, s'ingénièrent à la *restaurer*, pour en approprier au nouveau régime les produits faciles et le fallacieux bénéfice. En dehors de l'action gouvernementale, rien ne fut constitué ; l'individualisme social et politique resta ce que l'avaient fait l'école royale du siècle précédent et surtout les trente dernières années de révolution. Aussi, quand l'orage de 1830 souffla, la royauté, restée isolée comme un baliveau sur une plaine nue et nivelée, fut emportée au premier coup de vent.

Et chose étrange, si on ne savait d'ailleurs combien, malgré notre apparente légèreté, l'esprit français redresse difficilement ses préjugés et ses erreurs, une notable partie des hommes de la Droite elle-même en est encore à redouter, comme une *innovation* périlleuse, le retour aux grands principes de liberté qui pourraient — seuls ! — sauver celui de la royauté nationale. Intelligences étroites, matérialisées dans la routine des préjugés centralisateurs, pétrifiées par la frayeur ensuite, et pour qui le sublime du genre est un gouvernement à la Jacquart, desservi par des canuts. Ces docteurs-ès-mécanique ne feraient que pitié, si, par la position politique que plusieurs occupent encore, ils ne faisaient peur, quelquefois.

Grâce à Dieu, l'immense majorité des hommes monarchiques, qui, — disons tout, — en était là, ni plus ni moins que le vieux parti *libéral*, quand vint 1830, ont réappris la Liberté depuis cette époque ; et, sous ce rapport, on peut dire que la révolution de juillet aura été un bienfait social inappréciable.

Mais, précisément parce qu'elle était condamnée à l'opposition depuis 19 ans, la Droite n'a guère pu tracer que des formules générales et simples. On a bien dit : vote universel, et on a eu raison ; mais après? *vote universel*, c'est un titre, un *principe*, c'est-à-dire un commencement (*principium*), une tête de chapitre, si vous voulez ; et puis? Savez-vous qu'à un ou plusieurs degrés, individuel ou par *chef de famille*, comment qu'on l'agençât, si on ne lui donne pour base que le Nombre, c'est toujours la Démocratie, voire *l'an-archie* (pour prononcer comme M. Proudhon). Pour le conserver (et qui plus que nous le souhaite?) il faut donc que la société française, égrainée encore dans l'Individualisme, soit RECONSTITUÉE ; que tous les intérêts moraux et matériels soient recherchés, reconnus, groupés sous l'empire d'une législation qu'eux-mêmes auront faite, autant que possible, et qui en formera la constitution homogène, indépendante et libre. Toutes ces institutions, religieuses, morales, scientifiques, judiciaires, commerciales, littéraires, guerrières, patriciennes, industrielles, agricoles, etc., etc., absorbant les Individualités numériques et personnelles dans de larges Collectivités sociales, formeraient au sommet de l'État une véritable Représentation, qui viendrait se juxtaposer au principe traditionnel de gouvernement et le rendre inébranlable (1). On verrait alors ce que deviendrait l'esprit révolutionnaire ! « Il n'y a pas de cause de révolution, dit

(1) Ce besoin se fait jour de toutes parts, dans tous les ordres d'intérêts; il surgit des entrailles mêmes de la situation; voici un excellent article du *Dix Décem-*

» encore admirablement le grand orateur romain, *là où chacun*
» *est assuré dans son rang*, et ne voit pas au-dessous de lui de
» place libre pour y tomber (1). »

Un publiciste que nous avons déjà nommé, et dont le livre récent montre toute la hauteur de vues d'un grand homme d'Etat, M. Charles Dunoyer, dit à ce sujet (on peut le citer après Cicéron) :

« De ces efforts successifs, persistants et toujours croissants vers un même but, est résulté l'établissement colossal, *l'établissement sans pareil en aucun pays du monde*, que nous nommons, en France, l'*Administration*; établissement qui a graduellement substitué sa malfaisant autorité à toutes les autres, ou subordonné toutes les autres à la sienne; qui a plus ou moins absorbé dans sa sphère

---

bre (du 21 novembre 1849), bien qu'il ne soit écrit qu'au point de vue de l'établissement commercial :

« Dans les synthèses que les sciences acceptent, et dont jusqu'ici elles se sont parfaitement contentées, le travail consiste à joindre ensemble les classes particulières, et à en former des classes plus générales ; ainsi de suite jusqu'au sommet.

» Prenons donc le premier point, et recueillons ensemble les individus de la même industrie par commune, canton, arrondissement, département.

» Puis réunissons, toujours par commune, canton, etc., les diverses industries séparées ; les commerçants et banquiers compteront pour une industrie, les fermiers agriculteurs pour une autre, etc.

» De la sorte il ne restera pas un travailleur, ouvrier, patron ou commerçant en-dehors de la série, et chaque fait dommageable à la société aura son tribunal pour le juger, chaque action utile aura un moyen pour arriver à la récompense.

» Et pourtant, la liberté industrielle ne sera pas plus gênée que la liberté civile ne l'est elle-même par les conseils municipaux, d'arrondissement, etc.

» La hiérarchie établie sur les professions et sur le commerce, moralisera de force et ralliera tous les éléments confus, hétérogènes, qui en ce moment causent le trouble de la société.

» *Il faut évidemment garder un milieu entre la servitude du moyen âge, de la monarchie absolue, et la confusion acuelle ; pour cela il suffit d'imiter le mécanisme de la hiérarchie civile.* »

(1) Non est causa conversionis, *ubi in suo quisque gradu est firmiter collocatus*, et non subest quò precipitet ac decidat.

d'activité, non-seulement celles des départements, des communes, et de la plupart des Associations de toute espèce, mais à beaucoup d'égards celles des individus ;.. qui n'en a pu souffrir, même dans le nombre de celles qui sont restées dans le domaine public, *une seule de vraiment libre*, une seule qu'il n'ait soumise, sous des rapports multipliés... à des tutelles inutilement onéreuses et gênantes. Je ne puis hésiter à voir dans cet effrayant accroissement de notre *Administration la cause et l'explication de tous nos désordres publics.* Plus il prend racine dans nos mœurs, plus il se fortifie et se généralise, et plus s'altère visiblement l'esprit de notre nation.

» La Liberté ! *Voilà le souverain remède :* non pas celle qu'aiment et que poursuivent les factions, la liberté de l'oppression et de la violence, la liberté de s'emparer du pouvoir pour le faire servir aux plus détestables desseins; mais *la liberté du travail*, la liberté de se livrer sans contrôle, en répondant de l'usage abusif qu'on en pourrait faire, à l'exercice de toute honnête profession. Il n'est pas un des ordres de travaux que notre législation administrative a plus ou moins asservis, qu'un gouvernement *habile* ne dût avoir la pensée d'*affranchir*. Il y aurait pour lui tout profit à les voir passer *de son domaine particulier* dans celui de l'activité commune. *En laissant échapper de ses mains les pouvoirs arbitraires qu'il exerce plus ou moins sur tous*, il se verrait déchargé de la dépense, dégagé de la responsabilité, affranchi des obsessions et des agressions sans nombre auxquelles l'exposent *ces pouvoirs abusifs; il pèserait infiniment moins sur les masses;* il livrerait un champ beaucoup plus vaste à leur activité, et en même temps qu'il allècherait moins les passions ambitieuses, il ouvrirait à leur ardeur un champ fécond et *paisible* vers lequel il y aurait tout avantage *à la détourner...* »

N'insistons plus, car nous sommes arrivés au seuil de toute une législation, qui ouvrirait ce *monde nouveau* dont Châteaubriand parlait à Londres en 1843. Puisse l'Avenir accomplir ses magnifiques destinées ! puisse le Pouvoir auquel sont réservées la tâche et la gloire de sauver la patrie, écouter ce conseil que lui donne la Liberté : Pour être fort, désarmez-vous !...

Tout cela dit, l'ignorance, la bêtise ou la mauvaise foi pourront, tout à leur aise, nous appeler encore *absolutistes.*

Nantes, 27 Novembre 1849.

Nantes, imp. de Ch. Gailmard, rue du Pas-Périlleux, 10.

www.ingramcontent.com/pod-product-compliance
Ingram Content Group UK Ltd.
Pitfield, Milton Keynes, MK11 3LW, UK
UKHW021004220726
13924UKWH00002B/888